中华人民共和国行业标准

公路工程质量检验评定标准

第二册 机 电 工 程

Quality Inspection and Evaluation Standards for Highway Engineering

Section 2 Electrical and Mechanical Engineering

JTG F80/2—2004

主编部门:交通部公路科学研究所
批准部门:中华人民共和国交通部
施行日期:2005年01月01日

人民交通出版社

图书在版编目（CIP）数据

公路工程质量检验评定标准．第2册，机电工程/交通部公路科学研究所主编．—北京：人民交通出版社，2004.11（2007.11重印）

ISBN 978-7-114-05325-2

Ⅰ．公…　Ⅱ．中…　Ⅲ．①道路工程-质量检验-标准-中国②机电工程-质量检验-标准-中国

Ⅳ．U415.12-65

中国版本图书馆CIP数据核字（2004）第109583号

中华人民共和国行业标准

公路工程质量检验评定标准

第二册　机　电　工　程

JTG F80/2—2004

交通部公路科学研究所　主编

人民交通出版社出版发行

（100011　北京市朝阳区安定门外外馆斜街3号）

各地新华书店经销

北京市密东印刷有限公司印刷

开本：880×1230　1/16　印张：7　字数：151千

2004年12月　第1版

2019年4月　第13次印刷

定价：40.00元

ISBN 978-7-114-05325-2

关于发布《公路工程质量检验评定标准》的公告

第 25 号

现发布《公路工程质量检验评定标准》(土建工程)(JTG F80/1—2004)与《公路工程质量检验评定标准》(机电工程)(JTG F80/2—2004),自 2005 年 1 月 1 日起实行,原《公路工程质量检验评定标准》(JTJ 071—98)同时废止。

《公路工程质量检验评定标准》(土建工程)(JTG F80/1—2004)与《公路工程质量检验评定标准》(机电工程)(JTG F80/2—2004)由交通部公路科学研究所主编,标准的管理权和解释权归交通部,日常的具体解释和管理工作由交通部公路科学研究所负责。

请各有关单位在实践中注意积累资料,总结经验,及时将发现的问题和修改意见函告交通部公路科学研究所(北京海淀区西土城路 8 号,邮政编码:100088),以便修订时参考。

特此公告。

中华人民共和国交通部

二〇〇四年九月四日

前　　言

本标准依据交通部交公路发[2000]722 号文《关于下达 2000 年度公路工程标准制修订计划的通知》要求进行编制。本册为《公路工程质量检验评定标准》(JTG F80—2004)之第二册——机电工程分册,是对公路工程中机电项目进行检验评定的依据。

本册共分七章,主要内容包括:一般规定、监控设施、通信设施、收费设施、低压配电设施、照明设施、隧道机电设施等。工程项目划分、质量评定方法及相关附表等内容附后。

本标准是适应我国公路及交通工程建设迅速发展的需要制定的,对于指导全国公路机电工程质量检评工作、提高技术水平和确保工程质量具有重要意义。

在执行本标准过程中,希望各有关单位结合工程实践,总结经验,积累资料。如发现修改和补充之处,请及时将意见和有关资料函告交通部公路科学研究所(地址:北京海淀区西土城路 8 号;邮政编码:100088),以便下次修订时参考。

本 册 主 编 单 位:交通部公路科学研究所

本 册 参 编 单 位:交通部基本建设质量监督总站

广东省交通集团

本册主要起草人:朝文元、唐琤琤、李爱民、黄　晨、包左军、彭思义、陈光武

何　勇、智国昌、王　蕊、张　璇、李洪琴、刘玉新

目　录

1 一般规定

1.0.1 《公路工程质量检验评定标准》(第一册 土建工程)(JTG F80/1—2004)1、2、3 章除本章规定外适用于本册。

1.0.2 本册适用于高速公路新建和改扩建交通工程机电项目,其他公路机电工程项目可参照执行。

1.0.3 机电工程分项工程检查频率:施工单位为 100%;工程监理单位不低于 30%,当项目测点数少于 3 个时,全部检查。

1.0.4 机电工程分项工程各项实测检查项目的权值均为 1。

1.0.5 按本标准进行质量评定的机电项目,质量保证资料应真实并基本齐全,其所用设备、原材料、半成品和制成品,均应符合有关产品标准、规范或合同的要求,并有符合国家认可标准要求的质检机构出具的检验合格证和出厂合格证。

2 监控设施

2.1 车辆检测器

2.1.1 基本要求

1) 车辆检测器及其配件的数量、型号规格符合要求。

2) 车辆检测器安装位置正确,机箱外部完整,门锁开闭灵活。

3) 线圈(探头)安装尺寸符合设计要求,线槽顺直、均匀,封填后平整,引线过缘石处理得当。

4) 电源、通信线路按规范要求连接到位,检测器处于正常工作状态。

5) 隐蔽工程验收记录、分项工程自检和设备调试记录、有效的设备检验合格报告或证书等资料齐全。

2.1.2 实测项目

见表 2.1.2(表中标注 Δ 项目为关键项目,全书同)。

表 2.1.2 车辆检测器实测项目

项次	检查项目	技术要求	检查方法
1	Δ交通量计数精度	允许误差:±2%	人工计数与交通数据采集仪结果比较
2	平均车速精度	允许误差:±5%(km/h)	雷达测速仪实测值与交通数据采集仪结果比较
3	Δ传输性能	24h 观察时间内失步现象不大于 1 次或 BER≤10^{-8}	查日志和用数据传输测试仪
4	Δ绝缘电阻	强电端子对机壳≥50MΩ	500V 兆欧表测量
5	Δ安全接地电阻	≤4Ω	接地电阻测量仪
6	Δ自检功能	自动检测线圈(探头)的开路、短路和损坏情况	模拟故障状态实测
7	逻辑识别线路功能	一辆车作用于两个车道的两个线圈,处理器逻辑正常,输出的检测信息正确	模拟状态实测
8	Δ复原功能	加电后硬件恢复和重新设置时,原存储数据保持不变	实际操作
9	本地操作与维护功能	能够接便携机进行维护和测试	实际操作
10	控制功能	具有设计文件要求的控制功能	实际操作
11	基础尺寸	符合设计要求	长、宽用量具测量,埋深查隐蔽工程验收记录或实测
12	机箱和地脚防腐涂层质量	符合设计要求	用量具或涂层测厚仪测量

2.1.3 外观鉴定

1）机箱安装牢固、端正。

2）机箱表面光泽一致、无划伤、无刻痕、无剥落、无锈蚀。

3）基础混凝土表面应刮平，无损边、无掉角；联结地脚及螺栓规格符合设计要求，防腐措施得当，裸露金属基体无锈蚀；金属机箱与接地极连接可靠，接地极引出线无锈蚀。

4）机箱的出线管与箱体连接密封良好，箱体内无积水、尘土、霉变。

5）机箱内电力线、信号线、元器件等布线平直、整齐、固定可靠，标识正确、清楚，插头牢固。

以上任一项不符合要求时，该项减 0.1 ~ 1.5 分。

2.2 气象检测器

2.2.1 基本要求

1）气象检测器及其配件的数量、型号规格符合要求。

2）气象检测器安装位置正确，机箱外部完整，门锁开闭灵活。

3）探头安装方位、尺寸符合设计要求。

4）电源、通信线路按规范要求连接到位，气象检测器处于正常工作状态。

5）隐蔽工程验收记录、分项工程自检和设备调试记录、有效的设备检验合格报告或证书等资料齐全。

2.2.2 实测项目

见表 2.2.2。

表 2.2.2 气象检测器实测项目

项 次	检查项目	技术要求	检查方法
1	立柱竖直度	≤5mm/m	铅锤、直尺或全站仪
2	立柱、法兰和地脚几何尺寸	符合设计要求	超声波测厚仪测量立柱壁厚，用量具测量其他尺寸
3	基础尺寸	符合设计要求	长、宽用量具测量，埋深查隐蔽工程验收记录或实测
4	机箱、立柱、法兰和地脚的防腐涂层厚度	符合设计要求	用量具或涂层测厚仪测量
5	Δ绝缘电阻	强电端子对机壳≥50MΩ	500V 兆欧表测量
6	Δ安全接地电阻	≤4Ω	接地电阻测量仪
7	Δ防雷接地电阻	≤10Ω	接地电阻测量仪
8	Δ温度误差	±1.0℃	温度计实地测量比对
9	湿度误差	±5%R.H	湿度计实地测量比对

续上表

项　次	检查项目	技术要求	检查方法
10	Δ能见度误差	±10%或符合合同要求	模拟、目测或标准能见度仪实地测量比对
11	风速误差	±5%或符合合同要求	风速仪实地测量比对
12	Δ数据传输性能	24h观察时间内失步现象不大于1次或 $BER \leqslant 10^{-8}$	查日志或用数据传输测试仪
13	功能验证	能检测到降水天气	模拟降雨实测

2.2.3 外观鉴定

1）立柱、机箱及各探头传感器安装牢固、端正。

2）各部件表面光泽一致、无划伤、无刻痕、无剥落、无锈蚀。

3）基础混凝土表面应刮平，无损边、无掉角；机箱、立柱、法兰及地脚螺栓规格符合设计要求，防腐措施得当，裸露金属基体无锈蚀。

4）防雷接地和安全接地应分开设置，接地焊接牢固，焊缝饱满并做防腐处理；金属机箱与安全保护地连接可靠，接地极引出线无锈蚀。

5）机箱的出线管与箱体连接密封良好，箱体内无积水、尘土、霉变。

6）机箱内电力线、信号线、元器件等布线平直、整齐、固定可靠，标识正确、清楚，插头牢固。

以上任一项不符合要求时，该项减0.1～1分。

2.3 闭路电视监视系统

2.3.1 基本要求

1）闭路电视监视系统的设备及配件数量、型号规格符合要求，部件完整。

2）外场摄像机基础安装位置正确，立柱安装竖直、牢固。

3）防雷部件安装到位、连接措施符合规范要求。

4）摄像机(云台)安装方位、高度符合设计要求。

5）控制机箱外部完整，门锁开闭灵活。

6）电源、控制线路以及视频传输线路按规范要求连接到位，闭路电视系统的所有设备处于正常工作状态。

7）隐蔽工程验收记录、分项工程自检和设备调试记录、有效的设备检验合格报告或证书等资料齐全。

2.3.2 实测项目

见表2.3.2。

表 2.3.2　闭路电视监视系统实测项目

项　次		检 查 项 目	技 术 要 求	检 查 方 法
1		立柱竖直度	≤5mm/m	铅锤、直尺或全站仪
2		Δ立柱、避雷针(接闪器)、法兰和地脚几何尺寸	符合设计要求	超声波测厚仪测量立柱壁厚，用全站仪测量立柱和避雷针高度，用量具测量其他尺寸
3		基础尺寸	符合设计要求	长、宽用量具测量，埋深查隐蔽工程验收记录或实测
4		Δ机箱、立柱、法兰和地脚的防腐涂层厚度	符合设计要求	用量具或涂层测厚仪测量
5		Δ强电端子对机壳绝缘电阻	≥50MΩ	500V 兆欧表测量
6		Δ安全接地电阻	≤4Ω	接地电阻测量仪
7		Δ防雷接地电阻	≤10Ω	接地电阻测量仪
8	传输通道指标	Δ8.1 视频电平	700 mV ± 30 mV	电视信号发生器发送 75%彩条信号，用视频测试仪检测
		Δ8.2 同步脉冲幅度	300 mV ± 20 mV	电视信号发生器发送 75%彩条信号，用视频测试仪检测
		Δ8.3 回波 E	<7%kF	电视信号发生器发送 2T 信号，用视频测试仪检测
		8.4 亮度非线性	≤5%	同上
		8.5 色度/亮度增益差	± 5%	同上
		8.6 色度/亮度时延差	≤100 ns	同上
		8.7 微分增益	≤10%	电视信号发生器发送调制的五阶梯测试信号，用视频测试仪检测
		8.8 微分相位	≤10°	电视信号发生器发送调制的五阶梯测试信号，用视频测试仪检测
8	传输通道指标	Δ8.9 幅频特性	5.8MHz 带宽内 ±2dB	电视信号发生器发送 $\sin x/x$ 信号，用视频测试仪检测
		Δ8.10 视频信杂比	≥56 dB(加权)	电视信号发生器发送多波群信号，用视频测试仪检测
9	监视器画面指标	Δ随机信噪比(雪花干扰)	黑白：≥37 dB，彩色：≥36 dB	仪器测量，也可人工(5 人以上)主观评分，不小于 4 分为合格
		Δ单频干扰(网纹)	黑白：≥40 dB，彩色：≥37 dB	
		Δ电源干扰(黑白滚道)	黑白：≥40 dB，彩色：≥37 dB	
		Δ脉冲干扰(跳动)	黑白：≥37 dB，彩色：≥31 dB	
10		Δ云台水平转动角	水平：≥350°	实际操作
11		Δ云台垂直转动角	上仰：≥15°，下俯：≥90°	实际操作
12		Δ监视范围	符合设计要求	实际操作
13		Δ外场摄像机安装稳定性	受大风影响或接受变焦、转动等控制时，动作平滑、无抖动	实际操作
14		自动光圈调节	自动调节	实际操作
15		调焦功能	快速自动聚焦	实际操作

续上表

项　次	检查项目	技术要求	检查方法
16	变倍功能	可变倍	实际操作
17	雨刷功能	工作正常	实际操作
18	△切换功能	监控中心可切换任意摄像机	实际操作
19	录像功能	可录像,且录像回放清晰	实际操作
20	硬拷贝功能	拷贝图像清楚	实际操作
21	报警功能	监控中心可检测外场摄像机的工作状态并在故障时报警	模拟

注:主观评分可采用五级损伤制评定:

(1)图像上不觉察有损伤或干扰存在:5分;

(2)图像上稍有可觉察的损伤或干扰存在:4分;

(3)图像上有明显的损伤或干扰存在:3分;

(4)图像上损伤或干扰较严重:2分;

(5)图像上损伤或干扰极严重:1分。

2.3.3 外观鉴定

1）立柱、机箱及摄像机(云台)安装牢固、端正。

2）各部件表面光泽一致、无划伤、无刻痕、无剥落、无锈蚀。

3）基础混凝土表面应刮平,无损边、无掉角;机箱、立柱、法兰及地脚螺栓规格符合设计要求,防腐措施得当,裸露金属基体无锈蚀。

4）防雷接地和安全接地应分开设置,接地焊接牢固,焊缝饱满并做防腐处理;防雷引下线及接地体所用材料规格、防腐与连接措施、安装位置符合设计要求;金属机箱与安全保护地连接可靠,接地极引出线无锈蚀。

5）云台防护罩和机箱的出线管与箱体连接密封良好,箱体内无积水、尘土、霉变。

6）机箱内电力线、信号线、元器件等布线平直、整齐、固定可靠,标识正确、清楚,插头牢固。

以上任一项不符合要求时,该项减0.1~1分。

2.4 可变标志

2.4.1 基本要求

1）可变标志设备及配件数量、型号规格符合要求,部件完整。

2）基础安装位置正确,立柱安装竖直、牢固。

3）防雷部件安装到位,连接措施符合规范要求。

4）可变标志板面安装方位、角度、高度符合设计要求。

5）控制机箱外部完整,门锁开闭灵活。

6）电源、控制线路以及通信线路按规范要求连接到位,设备处于正常工作状态。

7）显示屏发光单元处于受控状态，失效率符合产品标准要求。

8）隐蔽工程验收记录、分项工程自检和设备调试记录、有效的设备检验合格报告或证书等资料齐全。

2.4.2 实测项目

见表 2.4.2。

表 2.4.2 可变标志实测项目

项次	检查项目	技术要求	检查方法
1	立柱竖直度	≤5mm/m	铅锤、直尺或全站仪
2	Δ立柱、避雷针（接闪器）、法兰和地脚几何尺寸	符合设计要求	超声波测厚仪测量立柱壁厚，用全站仪测量立柱和避雷针高度，用量具测量其他尺寸
3	Δ基础尺寸	符合设计要求	长、宽用量具测量，埋深查隐蔽工程验收记录或实测
4	Δ机箱、立柱、法兰和地脚的防腐涂层厚度	符合设计要求	用量具或涂层测厚仪测量
5	Δ强电端子对机壳绝缘电阻	≥50MΩ	500V 兆欧表测量
6	安全接地电阻	≤4Ω	接地电阻测量仪
7	防雷接地电阻	≤10Ω	接地电阻测量仪
8	Δ视认距离	120km/h，≥250m	按 JT/T 431
9	发光单元色度坐标（x，y）	a. 可变信息标志按 JT/T 431 测量红、绿、蓝、白四种颜色； b. 可变限速标志按 JT 432 测量红、黄两种颜色； c. 其他标志按 GB 14887 测量红、绿两种颜色	按 JT/T 431、JT 432、GB 14887
10	显示屏平均亮度	最大亮度和最小亮度符合设计要求。无规定时，应不小于 8000cd/m^2	用亮度计实测
11	Δ数据传输性能	24h 观察时间内失步现象不大于 1 次或 BER 小于 10^{-8}	查日志和用数据传输测试仪
12	自检功能	能够向中心计算机提供显示内容的确认信息及本机工作状态自检信息	实际操作
13	Δ显示内容	及时、正确地显示中心计算机发送的内容	实际操作
14	亮度调节功能	能自动根据环境照度自动调节显示屏的亮度	实际操作

2.4.3 外观鉴定

1）立柱、控制机箱及显示屏安装牢固、端正。

2）各部件表面光泽一致、无划伤、无刻痕、无剥落、无锈蚀。

3）基础混凝土表面应刮平，无损边、无掉角；控制机箱、立柱、法兰及地脚螺栓规格符合设计要求，防腐措施得当，裸露金属基体无锈蚀。

4）防雷接地和安全接地应分开设置，接地焊接牢固，焊缝饱满并做防腐处理；防雷引下线及接地体所用材料规格、防腐与连接措施、安装位置符合设计要求;金属机箱与接地极连接可靠,接地极引出线无锈蚀。

5）显示屏、控制机箱的出线管与箱体连接密封良好,箱体内无积水、尘土、霉变。

6）显示屏、控制机箱内电力线、信号线、元器件等布线平直、整齐、固定可靠,标识正确、清楚,插头牢固。

以上任一项不符合要求时,该项减 0.1～1 分。

注:本标准中可变标志包括:可变限速标志、可变信息标志,匝道、隧道、收费站的车道控制标志,交通信号灯等交通信息提供装置。

2.5 光、电缆线路

2.5.1 基本要求

1）监控系统各种光、电缆规格及使用的保护管道符合设计要求。

2）人(手)孔及管道设置安装齐全、合格,防水措施良好。

3）塑料通信管道敷设与安装符合规范要求。

4）光、电缆接续及占用管道孔正确,密封防水措施符合规范要求。

5）光、电缆成端及进室的措施得当,符合规范要求。

6）直埋电缆符合相关施工规范要求。

7）隐蔽工程验收记录、分项工程自检和通电调试记录、有效的光电缆及接续附件的检验合格报告或证书等资料齐全。

2.5.2 实测项目

见表 2.5.2。

表 2.5.2 光、电缆线路实测项目

项次	检查项目	技术要求	检查方法
1	光纤护层绝缘电阻	≥1000MΩ·km	1000V 兆欧表测量(仅对直埋光纤)
2	△单模光纤接头损耗平均值	≤0.1dB	光万用表或光时域反射计测量
3	△多模光纤接头损耗平均值	≤0.2dB	光万用表或光时域反射计测量
4	△低速误码率	BER≤10^{-8}	将线对一端短接,另一端接数据传输测试仪以 64kb 速率测量
5	同轴电缆衰耗	符合设计要求	衰耗测试仪
6	同轴电缆内外导体绝缘电阻	≥500MΩ	用兆欧表 500V 档,在连接器的芯线和外导体之间测量
7	△电力电缆绝缘电阻	≥2MΩ	用 1000V 兆欧表在配电箱和用电设备两点间测量
8	光电缆埋深	符合设计要求	查隐蔽工程记录,必要时挖开实测

2.5.3 外观鉴定

1）在配电箱和用电设备控制箱内光、电缆排列整齐、有序，绑扎牢固，标识清楚；电力电缆尾端联接与接续应使用专用连接器并用热塑套管封合与标记。

2）同轴电缆成端应使用焊接方式，端头处理时预留长度一致，各层的开剥尺寸与电缆插头相应部分配合良好；芯线焊接端正、牢固，焊锡适量，焊点光滑、不带尖、不成瘤；组装成的同轴电缆插头配件齐全、位置正确、装配牢固。

3）监控中心（局内）光电缆排列整齐有序，进入墙壁要有保护套管，预留长度满足使用要求。

4）人（手）孔位置准确，预埋件安装牢固，防水措施良好，人（手）孔内无积水，高程符合设计要求。

5）光电缆在人（手）孔内余留长度符合规定；光缆接续箱安装牢固，密封良好。

6）直埋电缆两端铠装层接地处理措施得当，电缆标石埋设符合设计要求。

以上任一项不符合要求时，该项减 0.1～1 分。

2.6 监控中心设备安装及系统调测

2.6.1 基本要求

1 硬件

1）监控中心机房应整洁，通风、照明良好。

2）监控系统所有设备的配置、设备数量、型号规格符合设计要求，部件完整。

3）监控中心的防雷、水暖、供电、空调通风、照明等辅助设施安装调试完毕并通过相关专业的验收。

4）监控中心的所有设备应安装调试完毕，系统处于正常运转工作状态。

5）隐蔽工程验收记录、分项工程自检和设备及系统联调记录、有效的设备检验合格报告或证书等资料齐全。

2 软件

1）能准确及时采集交通流、交通环境和主要交通设施运行状态的各种信息。

2）能监测恶劣气候。

3）能对交通事故作出快速响应，迅速准确地提供事故信息。

4）根据已掌握的信息，迅速作出有针对性的处理和优化控制方案，并立即执行。

5）有多种信息发布渠道，为用户提供信息服务，通过驾驶员调整行驶行为，达到交通流动态平衡。

6）可以建立道路交通数据库，用以支持道路运行状况评价，为改善道路经营和交通管理的决策提供数据分析。

7）按国家相关标准要求进行了软件的稳定性、可靠性测试并提供了报告；编制并提供了符合规范的软件手册及相关文档。

2.6.2 实测项目

见表2.6.2。

表2.6.2 监控中心设备安装及系统调测实测项目

项次	检查项目	技术要求	检查方法
1	监控室内温度	18℃~28℃	用温湿度计测10个测点
2	监控室内相对湿度	30%~70%	用温湿度计测10个测点
3	监控室内新风系统功能	要求有通风换气装置且工作正常	感官目测、查验新风装置工作状态
4	监控室内防尘措施	B级(一周内,设备上应无明显尘土)	目测
5	监控室内噪声	<70 dB(A)	用声级计实测
6	监控室内操作照度	5lx~200 lx可调	用照度计实测
7	△电源导线对机壳接地绝缘电阻	≥50 MΩ	查验随工验收记录或用500V兆欧表抽测3台设备
8	△监控中心联合接地电阻	≤1Ω	接地电阻测量仪测量
9	工作接地电阻	≤4Ω	接地电阻测量仪测量
10	安全接地电阻	≤4Ω	接地电阻测量仪测量
11	防雷接地电阻	≤10Ω	接地电阻测量仪测量
12	与外场设备的通信轮询周期	30s~60s可调	实测10min
13	△与下端设备交换数据的实时性和可靠性	按设定的系统轮询周期,及时准确地与车辆检测器、气象检测器、可变标志等交换数据	对于检测器,在外场进行人工测试统计,然后与上端系统按时间段逐一对比,时间不少于30min。对于可变标志用通信设备在外场与上端比对信息的正确性和实时性
14	△图像监视功能	能够监视全程或重点路段的运行状况	实际操作
15	与收费系统交换数据功能	正确接收收费数据、收费系统抓拍图像	实际操作
16	△系统工作状况监视功能	系统外场设备的工作状态在计算机和投影仪上正确显示	实际操作
17	事故阻塞告警	符合设计要求	模拟阻塞测试
18	恶劣气候告警	天气异常时,自动报警	模拟低能见度测试
19	紧急情况告警	能识别交警、消防、急救等特殊电话并在地图板、大屏幕上提示	实际操作
20	△信息提供功能	指令信息通过系统正确地传送到可变标志、交通信号灯、车道控制器以及消防、救援部门	实际操作
21	统计、查询、打印报表功能	迅速、正确地统计、查询、打印命令指示、设备状况、系统故障、交通参数等数据	实际操作,查询历史数据报表
22	数据备份、存档功能	每日数据备份,并带时间记录	实际操作,查询历史数据报表
23	加电自诊断功能	可循环检测所有监控中心内、外场设备运行状况,正确及时显示故障位置、类型	目测

2.6.3 外观鉴定

1）控制台上设备布局合理，安装稳固、横竖端正，符合设计和人机工学的要求，接线端子和接、插座标识清楚。

2）CCTV 监视器布局合理，屏幕拼接完整，无明显歪斜，安装稳固、横竖端正，符合设计和人机工学的要求，接线端子和接、插座标识清楚。

3）控制台、CCTV 电视墙内以及各设备之间布线整齐、美观，编号标识清楚；信号线和动力线及其接头插座应明确区分，预留长度适当。

4）电力配电柜、信号配线架内布线整齐、美观；绑扎牢固、成端符合规范要求；编号标识清楚；预留长度适当。

以上任一项不符合要求时，该项减 0.1～2 分。

2.7 大屏幕投影系统

2.7.1 基本要求

1）投影仪、屏幕及配件的数量、型号符合要求，部件完整。

2）投影仪、屏幕安装方位、角度、高度符合设计要求。

3）电源、控制线路以及通信线路按规范要求连接到位，设备处于正常工作状态。

4）分项工程自检和设备调试记录、有效的设备检验合格报告或证书等资料齐全。

2.7.2 实测项目

见表 2.7.2。

表 2.7.2 大屏幕投影系统实测项目

项次	检查项目	技术要求	检查方法
1	拼接缝	不大于 2mm 或合同要求的尺寸	长度尺实测
2	Δ亮度	达到白色平衡时的亮度不小于 150cd/m²	亮度计实测
3	亮度不均匀度	不大于 10%	亮度计实测
4	图像显示	正确显示监控中心 CCTV 监视器的切换图像及图形计算机输出信息	实际操作
5	Δ窗口缩放	可对所选择的窗口随意缩放控制	实际操作
6	Δ多视窗显示	同时显示多个监视断面的窗口	实际操作

2.7.3 外观鉴定

1）投影仪外观完整无损伤、镜头洁净，屏幕平整整洁、白度均匀。

2）图像清晰、稳定、无抖动。

3）图像明亮、色泽鲜艳可调。

以上任一项不符合要求时，该项减 0.1～2 分。

2.8 地图板

2.8.1 基本要求

1) 地图板、控制器及其他配件的数量、型号规格符合设计要求,部件完整。

2) 安装方位、角度、高度符合设计要求。

3) 电源、控制线路以及通信线路按规范要求连接到位,设备处于正常工作状态。

4) 显示屏发光单元处于受控状态。

5) 分项工程自检和设备调试记录、有效的设备检验合格报告或证书等资料齐全。

2.8.2 实测项目

见表2.8.2。

表2.8.2 地图板实测项目

项 次	检 查 项 目	技 术 要 求	检 查 方 法
1	整板尺寸	允许偏差:1%	卷尺
2	垂直度	≤2mm/m	铅锤、直尺
3	平整度	任意相邻两块不平度≤1.0mm	游标卡尺或靠尺、塞尺
4	△电源导线对机壳绝缘电阻	≥50 MΩ	查验随工验收记录或用500V兆欧表测量
5	静态显示	显示的内容符合设计要求	目测
6	动态交通状态显示	绿、黄、红表示交通正常、拥挤、阻塞状态	模拟
7	△设备工作状态显示	绿、红表示外场设备的正常、故障状态	目测
8	△可变标志内容显示	符合设计	实际操作
9	△紧急电话呼入显示	亮灯表示ET通话状态	模拟
10	△交通量、气象参数、时间、日期等显示	显示正确	目测

2.8.3 外观鉴定

1) 地图板各显示区域布局合理,符合设计要求。

2) 屏幕模块拼接完整,无明显歪斜,安装稳固、横竖端正。

3) 屏幕基底色泽一致,无明显差异。

4) 各显示区域有信息显示时清晰明亮、稳定。

5) 地图板后箱内各设备之间布线整齐、美观,编号标识清楚;信号线和动力线及其接插头座应明确区分,预留长度适当。

以上任一项不符合要求时,该项减0.1~1.5分。

2.9 监控系统计算机网络

2.9.1 基本要求

1）网线、插座、连接头、网卡、集线器、交换机、路由器、调制解调器、服务器等网络设备的数量、型号规格符合设计要求。

2）插座、双铰线接头的压接形式(线对分配)符合 EIA/TIA 586A 或 586B 的要求，且在一个系统中只能选用一种压接形式，不得混用。

3）网络设备安装调试完毕，系统处于正常运转工作状态。

4）隐蔽工程验收记录、分项工程自检和设备及系统联调记录、有效的设备检验合格报告或证书等资料齐全。

2.9.2 实测项目

见表 2.9.2。

表 2.9.2 监控系统计算机网络实测项目

项 次	检 查 项 目	技 术 要 求	检 查 方 法	备 注
1	Δ网线接线图	EIA/TIA 568	通信行业标准：YD/T 1013－1999	双绞线缆
2	布线长度	符合设计要求	通信行业标准：YD/T 1013－1999	双绞线缆
3	Δ衰减	EIA/TIA 568	通信行业标准：YD/T 1013－1999	双绞线缆
4	Δ近端串扰	EIA/TIA 568	通信行业标准：YD/T 1013－1999	双绞线缆
5	环路阻抗	EIA/TIA 568	通信行业标准：YD/T 1013－1999	双绞线缆
6	远方近端串扰衰耗	EIA/TIA 568	通信行业标准：YD/T 1013－1999	5e,6 类双绞线缆
7	相邻线对综合串扰	EIA/TIA 568	通信行业标准：YD/T 1013－1999	5e,6 类双绞线缆
8	远端串扰与衰减比	EIA/TIA 568	通信行业标准：YD/T 1013－1999	5e,6 类双绞线缆
9	近端串扰与衰减比	EIA/TIA 568	通信行业标准：YD/T 1013－1999	5e,6 类双绞线缆
10	综合远端串扰比	EIA/TIA 568	通信行业标准：YD/T 1013－1999	5e,6 类双绞线缆
11	Δ回波衰耗	EIA/TIA 568	通信行业标准：YD/T 1013－1999	5e,6 类双绞线缆
12	传输时延	EIA/TIA 568	通信行业标准：YD/T 1013－1999	5e,6 类双绞线缆
13	线对间传输时延差	EIA/TIA 568	通信行业标准：YD/T 1013－1999	5e,6 类双绞线缆
14	Δ同轴电缆特性阻抗	50Ω 或 75Ω	通信行业标准：YD/T 1013－1999	同轴缆
15	光纤接头衰耗	0.2dB	光时域反射计	光缆
16	光纤接头回损	按设计文件	光时域反射计	光缆
17	光纤衰耗	按设计文件	光时域反射计	光缆
18	Δ网络维护性测试	符合设计要求	网络测试仪	网络
19	网络健康测试	符合设计要求	网络测试仪	网络

2.9.3 外观鉴定

1）网络设备、网线线槽、信息插座布放整齐美观，安装牢固、标识清楚。

2）线缆布放路由正确、绑扎牢固、端头连接规范、标识清楚，弯曲半径和预留长度符合设计或 GB/T 50132—2000 规范要求。

以上任一项每处不符合要求时，该处减 0.1～1 分。

3 通信设施

3.1 通信管道与光、电缆线路

3.1.1 基本要求

1）通信光电缆、塑料管道、人(手)孔圈等器材的数量、规格程式符合设计要求。

2）塑料通信管道敷设与安装符合规范要求。

3）管道基础及包封用原材料、型号、规格及数量应符合相关的国家和行业标准的规定。

4）光、电缆横穿路基时应加钢管保护，钢管的型号规格和防腐措施符合设计要求。

5）光、电缆在过桥梁或其它构造物时采用的管箱、引上和引下工程采用的保护管符合设计要求，光、电缆及保护管与接驳的保护管过渡圆滑、密封良好。光、电缆的弯曲半径应符合要求。

6）光、电缆的敷设、接续、预留及成端等符合规范要求。

7）直埋电缆符合相关施工规范要求。

8）出厂时及施工前光、电缆单盘测试记录，施工后所有线对的连通性测试记录，管道及电缆接续等隐蔽工程验收记录，分项工程自检和通电调试记录，有效的光电缆、保护管(箱)及接续附件的检验合格报告或证书等资料齐全。

3.1.2 实测项目

见表 3.1.2。

表 3.1.2 通信管道与光、电缆线路实测项目

项 次	检 查 项 目	技 术 要 求	检 查 方 法
1	管道地基	符合设计要求	查隐蔽工程验收记录，必要时剖开复测
2	管道铺设	符合设计要求	查隐蔽工程验收记录，必要时剖开复测
3	回土夯实	符合设计要求	查隐蔽工程验收记录，必要时剖开复测
4	人(手)孔、管道掩埋	符合设计要求	查隐蔽工程验收记录，必要时剖开复测
5	人(手)孔的位置	符合设计要求	用量具实测
6	分歧形式及内部尺寸	符合设计要求	用量具实测
7	通信管道的横向位置	符合设计要求	用量具实测
8	Δ主管道管孔试通试验	畅通	查随工验收记录或按本册附录 M 实测

续上表

项 次	检查项目	技术要求	检查方法
9	△硅芯塑料管孔试通试验	畅通	查随工验收记录或气吹法实测
10	人手孔接地电阻	符合设计要求	接地电阻测量仪实测
11	光纤护层绝缘电阻	≥1000 MΩ·km	查随工验收记录或用高阻兆欧表测量(仅对直埋光纤)
12	△单模光纤接头损耗平均值	≤0.1dB	光万用表或光时域反射计在中继段两端测量
13	多模光纤接头损耗平均值	≤0.2dB	光万用表或光时域反射计在传输段两端测量
14	△中继段单模光纤总衰耗	符合设计要求	光万用表或光源、光功率计在中继段两端测量
15	△中继段多模光纤总衰耗	符合设计要求	光万用表或光源、光功率计在传输段两端测量
16	同轴电缆衰耗	符合设计要求	衰耗测试仪
17	同轴电缆内外导体绝缘电阻	≥500 MΩ	用兆欧表500V档,在连接器的芯线和外导体之间测量
18	△音频电缆绝缘电阻	≥1000 MΩ·km	用高阻兆欧表在线对之间测量
19	音频电缆直流环阻	符合设计要求	用电桥或电缆分析仪测量
20	音频电缆串音衰减	符合设计要求	用电缆分析仪或串扰分析仪测量
21	△信号电缆绝缘电阻	≥500MΩ·km	用1000V兆欧表在线对之间测量
22	信号电缆直流电阻	≤23.5Ω/km	用电桥或电缆分析仪测量
23	△音频电缆传输误码率	BER≤10^{-8}	将线对一端短接,另一端接数据传输测试仪以64kb速率测量

3.1.3 外观鉴定

1) 光、电缆配线箱(架)安装端正、稳固,配件齐全。

2) 在配线箱(架)或设备控制箱内光、电缆排列整齐、有序,绑扎牢固,标识正确、清楚。

3) 通信中心(局内)光电缆的进线与成端符合规范要求,进入墙壁要有保护套管,预留长度满足使用要求并且统一规整。

4) 人(手)孔位置准确、预埋件安装牢固、防水措施良好。人(手)孔内无积水,其高程符合设计要求。

5) 光电缆在人(手)孔内占用管道孔正确、排列整齐、余留长度符合规定,标志清楚、牢固;光缆接续箱安装牢固,密封良好。

6) 光、电缆在过桥梁或其它构造物时采用的保护管安装牢固、排列整齐有序;光电缆及保护管与接驳的保护管过渡圆滑、密封良好。

7) 直埋电缆两端铠装层、屏蔽层接地处理措施得当,电缆标石埋设符合设计要求。

以上任一项不符合要求时,该项减0.1~1分。

3.2 光纤数字传输系统

3.2.1 基本要求

1）光纤数字传输系统通信机房应整洁，通风、照明良好。

2）光纤数字传输系统所有设备（包括机架、槽道、列柜及成端用光电缆）的配置、数量、型号规格符合设计要求，部件完整。

3）通信机房的防雷、水暖、供电、通信电源、空调通风、照明等辅助设施安装调试完毕并通过相关专业的验收。

4）光纤数字传输系统所有设备安装调试完毕，系统处于正常运转工作状态。

5）隐蔽工程验收记录、分项工程自检和设备及系统联调记录、有效的设备检验合格报告或证书等资料齐全。

3.2.2 实测项目

见表3.2.2。

表3.2.2 光纤数字传输系统实测项目

项次	检查项目	技术要求	检查方法
1	Δ系统设备安装联接的可靠性	系统设备安装联接应可靠，经振动试验后系统无告警、无误码	橡皮锤轻轻敲击设备基架和网管计算机主机的配线背板15min
2	接地连接的可靠性	工作地、安全地、防雷地按规范要求分别连接到汇流排上	用万用表测量，目测检查
3	Δ系统接收光功率	$P_1 \geqslant P_R + M_c + M_e$*	用光功率计，每站1个光口
4	Δ平均发送光功率	符合设计要求和出厂检验的要求	光功率计，每站每个传送级别各1个光口(STM1、STM4、STM16)
5	Δ光接收灵敏度	符合设计要求和出厂检验的要求	光功率计和误码仪，每站每个传送级别各1个光口(STM1、STM4、STM16)
6	Δ误码指标(2M电口)	$BER = 1 \times 10^{-11}$	用误码仪，每块2M电路板抽测3条2M支路。1个支路测试时间24h，其它支路15min。允许将多条支路串接起来测试
		$ESR = 1.1 \times 10^{-5}$	
		$SESR = 5.5 \times 10^{-7}$	
		$BBER = 5.5 \times 10^{-8}$	
7	电接口允许比特容差	YD/T 5095-2000	PDH/SDH通信性能分析仪
8	输入抖动容限	YD/T 5095-2000	PDH/SDH通信性能分析仪
9	输出抖动	YD/T 5095-2000	PDH/SDH通信性能分析仪
10	2M支路口漂移指标	a. MTIE≤18μs(24h) b. 40h滑动不应大于1次	在传输链路最长或定时链路经过网元最多、通过不同步边界的2M链路上测试
11	音频电路和低速数据电路测试	通路电平、衰减频率失真、增益变化、信道噪声、总失真、路基串话等指标符合设计要求	用PCM话路特性仪测试
12	Δ安全管理功能	未经授权不能进入网管系统，并对试图接入的申请进行监控	实际操作
13	Δ自动保护倒换功能	工作环路故障或大误码时，自动倒换到备用线路	实际操作，测一个环路
14	Δ远端接入功能	能通过网管将远端模块添加或删除	实际操作

续上表

项　次	检 查 项 目	技 术 要 求	检 查 方 法
15	配置功能	能对网元部件进行增加或删除配置，并以图形方式显示当前配置	实际操作
16	公务电话功能	系统应配置公务电话，声音清楚	实际操作
17	网络性能监视功能	能实时采集分析网络误码等性能参数	实际操作
18	Δ激光器自动关断功能	无光输入信号时应能自动关断	测试备用板的发光口
19	故障定位功能	模拟系统故障	实际操作
20	Δ信号丢失告警	产生告警	实际操作
21	Δ电源中断告警	产生告警	实际操作
22	Δ帧失步告警	产生告警	实际操作
23	ΔAIS 告警	产生告警	实际操作
24	64kb/s 输入信号消失告警	产生告警	实际操作
25	参考时钟丢失告警	产生告警	实际操作
26	指针丢失告警	产生告警	实际操作
27	远端接收失效 FERF 告警	产生告警	实际操作
28	远端接收误码 FEBE	产生告警	实际操作
29	电接口复帧丢失(LOM)	产生告警	实际操作
30	信号劣化($BER > 1 \times 10^{-6}$)	产生告警	实际操作
31	信号大误码($BER > 1 \times 10^{-3}$)	产生告警	实际操作
32	环境检测告警	产生告警	实际操作
33	机盘失效告警	能自动倒换，产生告警	实际操作

注：P_1——接收端实测系统接收光功率；

P_R——接收器的接收灵敏度；

M_c——光缆富余度；

M_e——设备富余度。

3.2.3 外观鉴定

1）槽道、机架(包括子架、DDF、ODF)及设备布局合理、安装稳固；机架横竖端正、排列整齐；拼装螺丝紧固、余留长度一致。

2）设备安装后表面光泽一致、无划伤、无刻痕、无剥落、无锈蚀；部件标识正确、清楚。

3）电缆及光纤连接线路由和位置正确、布放整齐符合施工工艺要求。

4）光纤连接线在槽道内保护措施得当；分线正确、编扎排列整洁、工艺符合要求；在光配线架上路由走向正确、标识清楚、布放工艺符合要求。

5）数字配线架上跳线的规格程式符合要求、路由走向正确、标识清楚、布放工艺符合规范要求。

6）同轴电缆的成端余留长度统一、芯线焊接及端头处理得当、符合工艺要求。

7）数字配线架、光配线架内布线整齐、美观；绑扎牢固、成端符合规范要求；编号标识清楚,余留长度适当。

8) 设备连接用连接线、跳线(纤)符合设计要求,长度规整统一、标识清楚。

以上任一项不符合要求时,该项减 0.1~1 分。

3.3 数字程控交换系统

3.3.1 基本要求

1) 数字程控交换系统通信机房应整洁,通风、照明、环境温湿度条件良好。

2) 交换设备、辅助设备、控制台及各种电路板的数量、型号及安装位置符合要求。

3) 设备及其辅助设备安装牢固、标志齐全。

4) 设备的各种开关置于指定位置。

5) 设备的各级熔丝规格符合要求。

6) 列架、机架及各种配线架接地良好。

7) 设备内部的电源布线无接地现象。

8) 所有设备安装连接到位并经过严格的系统检查,稳定性达到要求。

9) 隐蔽工程验收记录、分项工程自检和设备及系统联调记录、有效的设备检验合格报告或证书等资料齐全。

3.3.2 实测项目

见表 3.3.2。

表 3.3.2 数字程控交换系统实测项目

项 次	检 查 项 目	技 术 要 求	检 查 方 法
1	Δ工作电压	-57V~-40V	用万用表实测
2	系统再启动功能	系统紧急关机后启动或作系统倒换后,系统应能恢复正常运行	实际操作
3	Δ修改用户号码功能	用软件修改后不影响原话机的连接通信功能	实际操作
4	Δ修改单个用户的号码属性	用软件修改后不影响原话机的连接通信功能	实际操作
5	修改用户数限	主要对用户的长途呼叫进行限制	实际操作
6	计费功能	能修改费率,并打印显示费额和通话记录	实际操作
7	话务管理	自动记录话务信息	实际操作
8	Δ故障诊断、告警	故障告警	模拟故障
9	系统交换功能	本局呼叫、出入局呼叫、新业务等功能	实际操作
10	Δ指令电话功能	使用数字程控交换机特殊功能,建立一点对多点的快速通话功能	实际操作
11	局内障碍率	$\leqslant 3.4\times10^{-4}$	模拟呼叫器
12	接通率	>99.96%	模拟呼叫器
13	处理能力(BHCA)	系统达到 BHCA 值时,对人机命令的响应 90% 均应在 3s 以内	模拟呼叫器

3.3.3 外观鉴定

1）槽道、机架及设备布局合理、安装稳固；机架横竖端正、排列整齐，符合设计要求；拼装螺丝紧固、余留长度一致。

2）设备安装后表面光泽一致、无划伤、无刻痕、无剥落、无锈蚀；部件标识正确、清楚。

3）电缆及光纤连接线路由和位置正确、布放整齐符合施工工艺要求。

4）电缆在槽道内保护措施得当；分线正确、编扎排列整洁、工艺符合要求；在配线架上路由走向正确、标识清楚、布放工艺符合要求。

5）配线架上跳线的规格程式符合要求、路由走向正确、标识清楚、布放工艺符合规范要求。

6）同轴电缆的成端余留长度统一、芯线焊接及端头处理得当、符合工艺要求。

7）配线架内布线整齐、美观；绑扎牢固、成端符合规范要求；编号标识清楚，余留长度适当。

8）设备连接用连接线、跳线(纤)符合设计要求，长度规整统一、标识清楚。

以上任一项不符合要求时，该项减 0.1 ~ 1 分。

3.4 紧急电话系统

3.4.1 基本要求

1）紧急电话分机、主机的数量、型号符合要求。

2）紧急电话分机安装位置正确，机箱外部完整、门锁开闭灵活。

3）紧急电话分机上的标志应符合 GB 5768 的要求，反光膜应使用高强级反光材料。

4）安装方位符合路线走向要求，并按要求安装必要的防护措施。

5）电源、通信线路按规范要求连接到位，主、分机连通并处于正常工作状态。

6）隐蔽工程验收记录、分项工程自检和设备调试记录、有效的设备检验合格报告或证书等资料齐全。

3.4.2 实测项目

见表 3.4.2。

表 3.4.2 紧急电话系统实测项目

项　次	检 查 项 目	技 术 要 求	检 查 方 法
1	Δ音量	> 90 dB(A)	在扬声器正前方 400mm 处，用声级计
2	分机安装竖直度	≤10 mm/m	铅锤、直尺
3	Δ防雷接地电阻	≤10Ω	接地电阻测量仪
4	MIC 距基础平台的高度	1450 mm ±20 mm	卷尺
5	喇叭高度	1600 mm ±20 mm	卷尺

续上表

项　次	检 查 项 目	技 术 要 求	检 查 方 法
6	△控制台绝缘电阻	>50 MΩ	500V 兆欧表
7	△话音传输衰耗	≤30dB,3000Hz	话音传输分析仪
8	△话音质量	话音要求清晰,音量适中,无噪音,无断字等缺陷	感官
9	△呼叫功能	响应灵敏	实际操作
10	按键提示	按键提示简明易懂	目测
11	噪声抑制	话机在通话过程及静态时,要求无嗡嗡声、沙沙声及自激、啃声等杂音	感官
12	△通话呼叫功能	按下按钮,可呼叫监控中心控制台	实际操作
13	呼叫排队功能	同时呼叫或通话时的呼叫,可按优先级处理	实际操作
14	△地址码显示功能	控制台显示呼叫位置	实际操作
15	△振铃响应	呼叫在控制台有振铃响应	实际操作
16	语音提示功能	呼叫后,话机有等待信号或提示音	实际操作
17	录音功能	控制台有自动录音功能	实际操作
18	故障报告功能	中心可自动立即显示故障信息	实际操作
19	取消呼叫功能	控制台可取消呼叫	实际操作
20	打印报告功能	值班记录、事件、故障等文件可打印	实际操作
21	△定时自检功能	能检测到线路连接、电池、传输故障等情况	故障模拟
22	手动自检功能	能检测到线路连接、电池、传输故障等情况	实际操作
23	加电自恢复功能	加电后,控制台应自动恢复到工作状态	实际操作,测一次

3.4.3 外观鉴定

1）防雷接地要求与接地极焊接,焊缝要饱满,焊后清渣并作防腐处理。

2）基础混凝土表面应刮平,无损边、无掉角;法兰及地脚螺栓规格符合设计要求,应用热浸镀锌作防腐层,裸露金属基体无锈蚀。

3）分机机身与基础联接牢固、端正,安装后外露螺纹长度一致。

4）分机表面光泽一致、无划伤、无刻痕、无剥落,金属机箱或部件无锈蚀。

5）机箱内电力线、信号线、元器件等布线平直、整齐、固定可靠,标识正确、清楚。

6）机箱的出线管与箱体连接密封良好,箱体关键部位无积水、尘土、霉变。

7）太阳能供电的分机,太阳能电池板自身密封以及与分机的密封状况良好,无积水、无渗透。

以上任一项不符合要求时,该项减 0.1～1 分。

3.5 无线移动通信系统

3.5.1 基本要求

1）无线移动通信系统所用设备(包括基地台、中转台、便携台、车载台、有无线转接设备、天线、铁塔、馈线、电源等)的数量、型号符合设计要求,部件完整。

2) 铁塔基础设置位置正确、按规范要求施工、铁塔安装牢固达到设计要求,并通过验收。

3) 天线铁塔安装的防雷系统符合设计要求。

4) 天线、馈线、收发控制设备、电源设备等安装到位,系统经过了联调并经过了严格测试,处于正常工作状态。

5) 隐蔽工程验收记录、分项工程自检和设备调试记录、安装和非安装设备及附(备)件清单、有效的设备检验合格报告或证书等资料齐全。

3.5.2 实测项目

见表3.5.2。

表3.5.2 无线移动通信系统实测项目

项次	检查项目	技术要求	检查方法
1	铁塔基础尺寸	符合设计要求	实测和随工记录结合
2	铁塔所用材料规格	符合设计要求	用量具测量必要时取样检测
3	铁塔和地脚防腐层质量	符合 GB/T 18226 要求	涂层测厚仪实测
4	地脚规格尺寸	符合设计要求	用量具测量必要时取样检测
5	防雷接地系统用材料规格	符合设计要求	用量具测量和核查隐蔽工程记录相结合
6	防雷接地电阻	≤10Ω	接地电阻测量仪测量
7	基地台发射功率	符合设计要求	按 YD/T 1009
8	中转台发射功率	符合设计要求	按 YD/T 1009
9	车载台发射功率	符合设计要求	按 YD/T 1009
10	手持台发射功率	符合设计要求	按 YD/T 1009
11	基地台接收灵敏度	符合设计要求	按 YD/T 1009
12	中转台接收灵敏度	符合设计要求	按 YD/T 1009
13	车载台接收灵敏度	符合设计要求	按 YD/T 1009
14	手持台接收灵敏度	符合设计要求	按 YD/T 1009
15	△电波覆盖范围	≥90%	基站监测,实地测量
16	△基地台与车载台通话功能	建立、释放响应灵敏、通话清楚	实际操作
17	△基地台与手持台通话功能	建立、释放响应灵敏、通话清楚	实际操作
18	△手持台与手持台通话功能	建立、释放响应灵敏、通话清楚	实际操作
19	△手持台与车载台通话功能	建立、释放响应灵敏、通话清楚	实际操作
20	手持台与业务电话通话功能	建立、释放响应灵敏、通话清楚	实际操作
21	车载台与业务电话通话功能	建立、释放响应灵敏、通话清楚	实际操作
22	用户之间群呼、组呼、选呼功能	建立、释放响应灵敏、通话清楚	实际操作

3.5.3 外观鉴定

1）无线移动通信系统所用设备安装稳固端正、排列位置符合设计要求。

2）设备之间的连接线端部连接头处理措施符合规范要求，连接稳固、标识清楚，排列绑扎规整。

3）安装设备和手持台表面光泽一致、无划伤、无刻痕、无剥落、无锈蚀；可动部件动作灵活、标识正确、清楚。

4）天线铁塔基础混凝土表面应刮平，无损边、无掉角；法兰及地脚螺栓规格符合设计要求，应用热浸镀锌作防腐层，裸露金属基体无锈蚀。

5）铁塔塔靴与基础地脚用双螺母固定。螺母拧紧后，螺栓外露丝扣不少于 2 扣。

6）天线铁塔制作工艺符合规范要求，装配部件齐全、规整，外形美观。

7）天线及馈线安装牢固；馈线两端连接件部件完整、装配符合工艺要求；馈线绑扎均匀，穿墙保护措施得当。

8）防雷接地引下线与接地极采用焊接，焊缝要饱满，焊后清渣并作防腐处理。

以上任一项不符合要求时，该项减 0.1～1 分。

3.6 通信电源

3.6.1 基本要求

1）通信电源设备数量、型号符合设计要求，部件及配件完整。

2）所有设备安装到位并已连通，处于正常工作状态。

3）配电、换流设备都作了可靠的接地连接。

4）蓄电池的连接条、螺栓、螺母做了防腐处理，并且连接可靠。

5）隐蔽工程验收记录、分项工程自检和设备调试记录、安装和非安装设备及附(备)件清单、有效的设备检验合格报告或证书等资料齐全。

3.6.2 实测项目

见表 3.6.2。

表 3.6.2 通信电源实测项目

<table>
<tr><th>项 次</th><th>检 查 项 目</th><th colspan="2">技 术 要 求</th><th>检 查 方 法</th></tr>
<tr><td rowspan="4">1</td><td rowspan="4">设备、列架的绝缘电阻</td><td>交流配电屏</td><td rowspan="4">符合设计要求，无要求时应≥2 MΩ</td><td rowspan="4">用 500V 兆欧表在设备内布线和地之间测量</td></tr>
<tr><td>直流配电屏</td></tr>
<tr><td>开关电源</td></tr>
<tr><td>不中断电源</td></tr>
<tr><td>2</td><td>Δ开关电源的主输出电压</td><td colspan="2">－40V～－57V</td><td>万用表实测</td></tr>
<tr><td rowspan="4">3</td><td rowspan="4">开关电源输出杂音</td><td>电话衡重杂音</td><td>≤2mV</td><td rowspan="4">杂波表实测</td></tr>
<tr><td>峰值杂音(0～300Hz)</td><td>≤100mV</td></tr>
<tr><td>宽频杂音(3.4～150kHz)</td><td>≤100mV</td></tr>
<tr><td>宽频杂音(0.15～30MHz)</td><td>≤30mV</td></tr>
</table>

续上表

项 次	检 查 项 目	技 术 要 求	检 查 方 法
4	电池组供电特性	放电、浮冲及免维护等符合要求	电池性能测试仪实测或核查随工验收记录
5	△电源系统报警功能	机房内可视、可听报警显示不正常状态	模拟实测
6	△远端维护管理功能	可实现远端的遥测、遥控和遥信的集中管理	实际操作
7	不间断电源	断开主供电线路时,UPS 能正常启动,系统不掉电,不影响系统的工作	实际操作
8	通信电源系统防雷	符合 YD 5078－98	YD/T 944－1998
9	通信电源的接地	符合设计要求	接地电阻测量仪测量
10	设备安装的水平度	≤2mm/m	量具实测
11	设备安装的垂直度	≤3mm	用吊锤和量具实测

3.6.3 外观鉴定

1）配电屏、设备、列架布局合理、安装稳固、横竖端正、排列整齐。

2）设备安装后表面光泽一致、无划伤、无刻痕、无剥落、无锈蚀;部件标识正确、清楚。

3）电源输出配线路由和位置正确、布放整齐,符合施工工艺要求。

4）设备内布线整齐、美观、绑扎牢固,接线端头焊(压)结牢固、平滑;编号标识清楚,余留长度适当。

5）设备抗震加固措施符合设计要求。

以上任一项不符合要求时,该项减 0.1～1.5 分。

4 收费设施

4.1 入口车道设备

4.1.1 基本要求

1) 入口车道设备数量、型号规格符合设计要求,部件及配件完整。

2) 收费亭、电动(手动)栏杆、车道控制器(车道计算机)、收费员显示终端、键盘、信号灯、车辆检测器、摄像机、发(打)卡设备等主要设备是符合国家或行业标准的定型产品。

3) 收费亭内操作台、设备安装符合要求。

4) 收费亭、控制器、发(打)卡机、UPS、电动栏杆等设备的接地连接符合规范要求。

5) 电动栏杆、信号灯、摄像机等安装方位和位置正确。

6) 收费亭至收费岛、天棚上安装设备的裸露的电源线、信号线按设计要求进行保护处理。

7) 所有设备安装到位并连通,处于正常工作状态。

8) 隐蔽工程验收记录、分项工程自检和设备调试记录、安装和非安装设备及附(备)件清单、有效的设备检验合格报告或证书等资料齐全。

4.1.2 实测项目

见表4.1.2。

表 4.1.2 入口车道设备实测项目

项次	检查项目		技术要求	检查方法
1	设备机壳防腐涂层及厚度		符合设计要求,无要求时按 GB/T18226	用涂层测厚仪实测
2	Δ设备强电端子对机壳绝缘电阻		≥50 MΩ	500V 兆欧表测量
3	Δ车道控制器安全接地电阻		≤4Ω	接地电阻测量仪测量
4	Δ电动栏杆机安全接地电阻		≤4Ω	接地电阻测量仪测量
5	收费亭防雷接地电阻		≤10Ω	接地电阻测量仪测量
6	收费天棚信号灯色度和亮度	红色	符合 GB 14887	色度/亮度计实测
		绿色	符合 GB 14887	
7	收费车道内通行信号灯色度和亮度	红色	符合 GB 14887	色度/亮度计实测
		绿色	符合 GB 14887	
8	Δ车道信号灯动作		按规定的触发状态正常工作	实际操作
9	电动栏杆起落总时间		≤4.0 s或符合设计要求	秒表,测10次,取平均值

续上表

项 次	检 查 项 目	技 术 要 求	检 查 方 法
10	△电动栏杆动作响应	按规定操作流程动作，具有防砸车和水平回转功能	实际操作
11	△车道车辆检测器计数精度偏差	≤0.1%	人工记数核对，要大于1000辆。或借助录像带核对历史记录
12	环形线圈电感量	符合设计要求	用电感测量仪器实测
13	摄像机清晰度	符合设计要求	用测试卡和视频测试仪实测
14	读写卡设备响应时间及对异常卡的处理	符合设计要求	实测40次
15	△闪光报警器	按规定的触发状态正常工作	实际操作
16	专用键盘	标记清楚、牢固，键位划分合理，操作灵活，响应准确、可靠	实际操作
17	手动栏杆与天棚信号灯的互锁功能	只有手动栏杆打开时天棚信号灯才由红色变为绿色	实际操作
18	△初始状态动作	车道控制标志显示车道关闭，车道栏杆处于水平关闭状态，收费员显示器显示内容齐全正确	实际操作
19	△车道打开动作	按"交班"键，识别操作员身份，登录成功后，可打开车道，处于正常工作状态，并具有防止恶意登录功能	输入身份卡正确、错误各一次
20	△入口正常处理流程	符合规定的操作流程	实际操作
21	公务车处理流程	符合规定的操作流程	实际操作
22	军车处理流程	符合规定的操作流程	实际操作
23	车队处理流程	符合规定的操作流程	实际操作
24	其他紧急车处理流程	符合规定的操作流程	实际操作
25	△违章车报警流程	符合规定的操作流程	实际操作
26	修改功能流程	有车型判别错误时，可按规定的流程修改	实际操作
27	车道维修和复位操作流程	维护菜单允许维护员进行车道维护和复位操作等	实际操作
28	△车道关闭操作流程	按"交班"键，识别操作员身份，可关闭车道，处于关闭状态	实际操作
29	对车道控制设备状态监测功能	运行过程中，车道控制器(车道计算机)可对车道设备进行监测，故障时应给出报警信号，提醒收费员和站内监控人员	实际操作
30	△断电数据完整性测试	任意流程时关闭车道控制器(车道计算机)电源，车道工作状态正常，加电后数据无丢失	实际操作
31	△断网测试	断开车道控制器(车道计算机)与收费站的通信链路，车道工作状态正常、加电后数据无丢失	实际操作
32	图像抓拍	车道关闭时，抓拍检测器处于启动状态，车辆进入入口车道时，图像抓拍检测器侦获"来车"信号，触发图像抓拍，抓拍信息符合要求，能按规定格式存储转发	实际操作
33	每辆小客车平均处理时间	≤8s或符合设计要求	秒表，5位熟练收费员，一人操作三次，取平均值

4.1.3 外观鉴定

1）收费亭外设备安装稳固、端正。

2）收费亭内操作台、座椅、设备、配线列架等整齐、有序、无明显歪斜，标志清楚、牢固。

3）所有设备安装后，外观无划伤、刻痕，以及防护层剥落等缺陷。

4）设备及收费亭内布线整齐美观、固定可靠、标识清楚；过墙、板、地下通道处有保护套管，并留有适当余量。

5）设备之间连线接插头等部件连接可靠、紧密、到位准确；布线整齐、余留规整、标识清楚；固定螺丝等紧固，无松动。

6）配电箱内信号线、动力线及其接插头要求明显区分，标识清楚，有永久性接线图。

7）电动(手动)栏杆挡杆上反光标记完整醒目，落下时应处于水平位置。

以上任一项不符合要求时，该项减 0.1 ~ 1 分。

4.2 出口车道设备

4.2.1 基本要求

1）出口车道设备数量、型号规格符合设计要求，部件及配件完整。

2）收费亭、电动(手动)栏杆、车道控制器(车道计算机)、收费员显示终端、专用键盘、费额显示器、信号灯、车辆检测器、摄像机、收(打)卡设备等主要设备是符合国家或行业标准的定型产品。

3）收费亭内操作台、座椅、设备安装符合设计要求。

4）收费亭、控制器、收(打)卡机、UPS、电动栏杆等设备接地连接正确。

5）电动栏杆、费额显示器、信号灯、摄像机等安装方位和位置正确。

6）车道设备的电源线、信号线按设计要求进行保护处理。

7）所有设备安装到位并连通，处于正常工作状态。

8）隐蔽工程验收记录、分项工程自检和设备调试记录、安装和非安装设备及附(备)件清单、有效的设备检验合格报告或证书等资料齐全。

4.2.2 实测项目

见表 4.2.2。

表 4.2.2　出口车道设备实测项目

项次	检 查 项 目	技 术 要 求	检 查 方 法
1	设备机壳防腐涂层及厚度	符合设计要求，无要求时按 GB/T18226	用涂层测厚仪实测
2	Δ设备强电端子对机壳绝缘电阻	≥50 MΩ	500V 兆欧表测量
3	Δ车道控制器安全接地电阻	≤4Ω	接地电阻测量仪测量

续上表

<table>
<tr><th>项次</th><th>检查项目</th><th colspan="2">技术要求</th><th>检查方法</th></tr>
<tr><td>4</td><td>△电动栏杆机安全接地电阻</td><td colspan="2">≤4Ω</td><td>接地电阻测量仪测量</td></tr>
<tr><td>5</td><td>△收费亭防雷接地电阻</td><td colspan="2">≤10Ω</td><td>接地电阻测量仪测量</td></tr>
<tr><td rowspan="2">6</td><td rowspan="2">收费天棚信号灯色度和亮度</td><td>红色</td><td>符合 GB 14887</td><td rowspan="2">色度/亮度计实测</td></tr>
<tr><td>绿色</td><td>符合 GB 14887</td></tr>
<tr><td rowspan="2">7</td><td rowspan="2">收费车道内通行信号灯色度和亮度</td><td>红色</td><td>符合 GB 14887</td><td rowspan="2">色度/亮度计实测</td></tr>
<tr><td>绿色</td><td>符合 GB 14887</td></tr>
<tr><td>8</td><td>△车道信号灯动作响应</td><td colspan="2">按规定的触发状态正常工作</td><td>实际操作</td></tr>
<tr><td>9</td><td>电动栏杆起落总时间</td><td colspan="2">≤4.0 s 或符合设计要求</td><td>秒表,测 10 次,取平均值</td></tr>
<tr><td>10</td><td>△电动栏杆动作响应</td><td colspan="2">按规定操作流程动作,具有防砸车和水平回转功能</td><td>实际操作</td></tr>
<tr><td>11</td><td>△车道车辆检测器计数精度偏差</td><td colspan="2">≤0.1%</td><td>人工记数核对,要大于 1000 辆。或借助录像带核对历史记录</td></tr>
<tr><td>12</td><td>环形线圈电感量(注 1)</td><td colspan="2">符合设计要求</td><td>用电感测量仪器实测</td></tr>
<tr><td>13</td><td>摄像机清晰度</td><td colspan="2">符合设计要求</td><td>用测试卡和视频测试仪实测</td></tr>
<tr><td>14</td><td>读写卡设备响应时间及对异常卡的处理</td><td colspan="2">符合设计要求</td><td>实测 40 次</td></tr>
<tr><td>15</td><td>专用键盘</td><td colspan="2">标记清楚、牢固,键位划分合理,操作灵活,响应准确、可靠</td><td>实际操作</td></tr>
<tr><td>16</td><td>△费额显示器</td><td colspan="2">通行卡处理后,通行费显示于费额显示器</td><td>实际操作 + 目测</td></tr>
<tr><td>17</td><td>△收据打印机</td><td colspan="2">迅速正确打印收据</td><td>实际操作</td></tr>
<tr><td>18</td><td>△脚踏报警</td><td colspan="2">工作正常</td><td>实际操作</td></tr>
<tr><td>19</td><td>△闪光报警器</td><td colspan="2">按规定的触发状态正常工作</td><td>实际操作</td></tr>
<tr><td>20</td><td>手动栏杆与天棚信号灯的互锁功能</td><td colspan="2">只有手动栏杆打开时天棚信号灯才由红色变为绿色</td><td>实际操作</td></tr>
<tr><td>21</td><td>△车道初始状态</td><td colspan="2">车道信号灯显示车道关闭,车道栏杆处于水平关闭状态,收费员显示器显示内容齐全正确,并具有防止恶意登录功能</td><td>实际操作</td></tr>
<tr><td>22</td><td>△车道打开状态</td><td colspan="2">按“交班”键,识别操作员身份,登录成功后,可打开车道,处于正常工作状态</td><td>输入身份卡正确、错误各一次</td></tr>
<tr><td>23</td><td>△出口正常处理流程</td><td colspan="2">符合出口基本作业流程</td><td>实际操作</td></tr>
<tr><td>24</td><td>△换卡车处理流程</td><td colspan="2">符合中途换卡车处理规定</td><td>实际操作</td></tr>
<tr><td>25</td><td>△入出口车型不符处理流程</td><td colspan="2">自动报警,站处理</td><td>实际操作</td></tr>
<tr><td>26</td><td>△无支付或不足支付处理流程</td><td colspan="2">符合出口“未付车”监督处理流程</td><td>实际操作</td></tr>
<tr><td>27</td><td>△丢卡、坏卡处理流程</td><td colspan="2">符合卡丢失、卡故障处理流程</td><td>实际操作</td></tr>
<tr><td>28</td><td>△军警车处理流程</td><td colspan="2">记录特殊事件</td><td>实际操作</td></tr>
<tr><td>29</td><td>△公务车处理流程</td><td colspan="2">符合公务车处理流程</td><td>实际操作</td></tr>
<tr><td>30</td><td>△车队处理流程</td><td colspan="2">符合出口“车队”处理流程</td><td>实际操作</td></tr>
<tr><td>31</td><td>△“拖车”处理流程</td><td colspan="2">符合“拖车”处理流程</td><td>实际操作</td></tr>
</table>

续上表

项次	检查项目	技术要求	检查方法
32	Δ闯关车处理流程	符合"闯关车"处理流程	实际操作
33	车道维修和复位操作处理流程	维护菜单允许授权维护员进行车道维护和复位操作	实际操作
34	Δ车道关闭操作处理流程	按"交班"键,识别操作员身份,可关闭车道,处于关闭状态	实际操作
35	车道控制设备状态监测	运行过程中,车道控制器(车道计算机)可对车道设备进行监测,故障时给出报警信号	实际操作
36	Δ断网测试	断开车道控制器与光纤的连接,车道工作状态正常、数据无丢失	实际操作
37	Δ断电数据完整性测试	任意流程时关闭车道控制器(车道计算机)电源,车道工作状态正常,加电后数据无丢失	实际操作
38	Δ断网测试	断开车道控制器(车道计算机)与收费站的通信链路,车道工作状态正常、数据无丢失	实际操作
39	图像抓拍	车道关闭时,抓拍检测器处于启动状态,车辆进入入口车道时,图像抓拍检测器侦获"来车"信号,触发图像抓拍,抓拍信息符合要求,按规定格式存储转发	实际操作
40	每辆小客车平均处理时间	≤14s 或符合设计要求	秒表,5 位熟练收费员,一人操作三次,取均值

4.2.3 外观鉴定

1) 收费亭外设备安装稳固、端正。

2) 收费亭内操作台、座椅、设备、配线列架等整齐、有序,无明显歪斜,标志清楚、牢固。

3) 所有设备安装后,外观无划伤、刻痕,以及防护层剥落等缺陷。

4) 设备及收费亭内布线整齐美观、固定可靠、标识清楚;过墙、板、地下通道处要有保护套管,并留有适当余量。

5) 设备之间连线接插头等部件要求连接可靠、紧密、到位准确;布线整齐、余留规整、标识清楚;固定螺丝等要求紧固,无松动。

6) 配电箱内信号线、动力线及其接、插头明显区分,标识清楚,有永久性接线图。

7) 电动(手动)栏杆挡杆上反光标记完整醒目,落下时处于水平位置。

以上任一项不符合要求时,该项减 0.1 ~ 1 分。

4.3 收费站设备及软件

4.3.1 基本要求

1) 收费站内设备数量、型号符合要求,部件完整。

2) 设备安装到位并连通,处于正常工作状态,并进行了严格测试和联调。

3) 提交了分项工程自检和系统联调记录、设备及附(备)件清单、有效的设备检验合格报告或证书等资料。

4.3.2 实测项目

见表4.3.2。

表4.3.2 收费站设备及软件实测项目

项次	检查项目	技术要求	检查方法
1	△强电端子对机壳绝缘电阻	≥50MΩ	500V兆欧表测量
2	△收费站联合接地电阻	≤4Ω	接地电阻测量仪测量
3	△对车道的实时监控功能	收费站管理计算机可查看车道最后一辆车处理信息及车道状态、操作员信息,监视计算机可监视、显示车道设备及操作情况	实际操作
4	查原始数据功能	通过专用服务器和收费管理计算机可查询、统计原始数据	实际操作
5	△图像稽查功能	可稽查所有出入口车道"有问题"车辆图像	实际操作
6	打印报表功能	值班员可通过收费站管理计算机打印各种报表	实际操作
7	查看费率表功能	可通过收费管理计算机查看费率表	实际操作
8	与车道数据通信功能	专用服务器在不同模式下可和车道控制机交换规定的信息,数据传输准确	实际操作
9	△数据备份功能	车道控制器、收费站专用服务器、管理计算机数据保护安全、可靠	实际操作
10	字符叠加功能	在监视器上可观察到信息	实际操作
11	与收费中心的通信功能	可以和收费中心交换规定的数据,数据传输准确	实际操作后比对
12	查断网试验的数据上传	与收费中心计算机通信故障时,数据可存贮在移动存储器上并可在收费中心计算机上恢复	实际操作
13	△报警录像功能	用于报警时显示报警图像的显示器具有报警显示功能,值班员通过键盘控制切换控制器切换该路报警视频信号进行录像,或自动进行切换	实际操作
14	△主监视器切换显示各车道及收费亭摄像机功能	监视计算机可切换显示各车道及收费亭录像机	实际操作
15	查看事件报表打印功能	可查看入口、出口车道特殊处理明细表并打印	实际操作
16	数据完整性测试	系统崩溃或电源故障,重新启动时,系统能自动引导至正常工作状态,不丢失任何历史数据	模拟操作或查历史记录

4.3.3 外观鉴定

1）站内设备安装稳固、端正。

2）收费站内操作台、座椅、设备、配线列架等整齐、有序、无明显歪斜,标志清楚、牢固。

3）所有设备安装后,外观无划伤、刻痕,以及防护层剥落等缺陷。

4）设备及收费站监控室内布线整齐美观、固定可靠、标识清楚;过墙、板、地下通道处有保护套管,并留有适当余量。

5）设备之间连线接、插头等部件要求连接可靠、紧密、到位准确;布线整齐、余留规整、标识清楚;固定螺丝等紧固,无松动。

6) 配电箱内信号线、动力线及其接、插头要求明显区分,标识清楚,有永久性接线图。

以上任一项不符合要求时,该项减 0.1 ~ 1 分。

4.4 收费中心设备及软件

4.4.1 基本要求

1) 收费中心设备数量、型号符合要求,部件完整。

2) 设备安装到位并已连通,处于正常工作状态,并进行了严格测试和联调。

3) 分项工程自检和系统联调记录、设备及附(备)件清单、有效的设备检验合格报告或证书等资料齐全。

4.4.2 实测项目

见表 4.4.2。

表 4.4.2 收费中心设备及软件实测项目

项次	检查项目	技术要求	检查方法
1	△强电端子对机壳绝缘电阻	≥50MΩ	500V 兆欧表测量
2	△收费中心联合接地电阻	≤4Ω	接地电阻测量仪测量
3	△与收费站的数据传输功能	定时或实时轮询各收费站的数据	实际操作
4	△费率表、车型分类参数的设置与变更	可设置、变更费率表、车型分类参数,并下传到收费站	实际操作
5	△系统时间设定功能	对收费站计算机的时钟进行统一校准	实际操作
6	△图像稽查功能	可稽查所有出入口车道"有问题"车辆图像	实际操作
7	△报表统计管理及打印功能	收费中心计算机系统可打印规定的各种报表	实际操作
8	△对各站及车道 CCTV 图像切换及控制功能	可切换、可控制	实际操作
9	与监控中心计算机通信功能	与监控中心传输规定的数据,传输准确	实际操作
10	双机热备份功能	当主机宕机时,从机能够自动接管,保证业务的连续性和正确性,切换时间符合要求	模拟操作
11	通行卡管理功能	通过授权正确制作通行卡、公务卡、身份卡,并能记录、统计、查询本中心发行卡的信息	实际操作
12	数据完整性测试	系统崩溃或电源故障,重新启动时,系统能自动引导至正常工作状态,不丢失任何历史数据	模拟操作或查历史记录
13	通行费拆分	能按设置的逻辑日自动或手动完成通行费的正确拆分	模拟操作

4.4.3 外观鉴定

1) 收费中心收费设备安装稳固、端正。

2) 收费中心监控室内操作台、座椅、设备、配线列架等整齐、有序、无明显歪斜,标志清楚、牢固。

3）所有设备安装后，外观无划伤、刻痕，以及防护层剥落等缺陷。

4）设备及收费监控室内布线整齐美观、固定可靠、标识清楚；过墙、板、地下通道处要有保护套管，并留有适当余量。

5）设备之间连线接、插头等部件要求连接可靠、紧密、到位准确；布线整齐、余留规整、标识清楚；固定螺丝等要求紧固，无松动。

6）配电箱内信号线、动力线及其接插头要求明显区分，标识清楚，有永久性接线图。

以上任一项不符合要求时，该项减 0.1～1 分。

4.5 IC 卡发卡编码系统

4.5.1 基本要求

1）IC 卡编码系统的设备数量、型号符合要求，部件完整。

2）设备安装到位并已连通，处于正常工作状态。

3）分项工程自检和设备调试记录、设备及附（备）件清单、有效的设备检验合格报告或证书等资料齐全。

4.5.2 实测项目

见表 4.5.2。

表 4.5.2 IC 卡发卡编码系统实测项目

项 次	检 查 项 目	技 术 要 求	检 查 方 法
1	发卡设备安全性测试	在交流 220V 侧进行绝缘和耐压测试	兆欧表和耐压测试仪实测
2	发卡设备可靠性测试	连续读写 500 张测试卡，读发卡设备无卡滞，用计算机软件核对应无错误	实际操作
3	兼容性测试	能适应符合标准的多家生产企业的卡	实际操作
4	卡处理时间（完成一次读写）	典型应答处理时间 ≤300ms	实际操作
5	发放身份 IC 卡	可制作不同类型的身份卡	实际操作
6	发放公务 IC 卡	可制作公务卡	实际操作
7	发放预付 IC 卡	可制作预付卡	实际操作
8	预付卡业务查询、统计与打印	路段分中心可为持卡人开设系列查询业务，可打印对账单等	实际操作
9	发放通行 IC 卡	可制作通行卡	实际操作
10	△防冲突	同时识别两张卡，识别正确	实际操作

4.5.3 外观鉴定

1）设备安装后，外观无划伤、刻痕，以及防护层剥落等缺陷。

2）设备安装稳定、机箱内布线整齐美观、固定可靠、标识清楚。

3）设备之间连线接、插头等部件要求连接可靠、紧密、到位准确。布线整齐、余留规整、标识清楚；固定螺丝等要求紧固，无松动。

4) 收发卡箱边角圆滑、携带方便。

以上任一项不符合要求时,该项减0.1~1.5分。

4.6 内部有线对讲及紧急报警系统

4.6.1 基本要求

1) 内部有线对讲及紧急报警系统的设备数量、型号符合要求,部件完整。

2) 设备安装到位并已连通,处于正常工作状态。

3) 分项工程自检和设备调试记录、设备及附(备)件清单、有效的设备检验合格报告或证书等资料齐全。

4.6.2 实测项目

见表4.6.2。

表4.6.2 内部有线对讲及紧急报警系统实测项目

项 次	检查项目	技术要求	检查方法
1	△主机全呼分机	按下主控台全呼键,站值班员可向所有车道收费员广播	实际操作
2	△主机单呼某个分机	主机可呼叫某个分机	实际操作
3	△分机呼叫主机	分机可呼叫主机	实际操作
4	△分机之间的串音	分机之间不能相互通信	主管评定
5	主机对分机的侦听功能	能侦听分机试图呼叫分机的操作	实际操作
6	扬声器音量调节	可调	实际操作
7	话音质量	话音清晰,音量适中,无噪声,无断字等缺陷	实际操作
8	按钮状态指示灯	主机上有可视信号显示呼叫的分机号	实际操作+目测
9	△手动/脚踏报警功能	按动报警开关可驱动报警	实际操作
10	报警器故障监测功能	信号电缆出现断路故障时报警	断开信号电缆线
11	报警器向CCTV系统提供报警输出信号	报警器可向闭路电视系统提供报警输出信号	实际操作
12	报警器自检功能	报警器具有自检功能	实际操作

4.6.3 外观鉴定

1) 主、分机安装位置正确、方便使用。

2) 设备安装后,外观无划伤、刻痕及防护层剥落等缺陷。

3) 主分机之间布线整齐美观、固定可靠、标识清楚;过墙、板、地下通道处有保护套管,并留有适当余量。

4) 设备之间连线接插头等部件连接可靠、紧密、到位准确;布线整齐、余留规整、标识清楚。

以上任一项不符合要求时,该项减0.1~1.5分。

4.7 闭路电视监视系统

4.7.1 基本要求

1）闭路电视系统的设备及配件数量、型号规格符合要求，部件完整。

2）收费广场摄像机基础安装位置正确，立柱安装竖直、牢固。

3）防雷部件安装到位、连接措施符合规范要求。

4）收费广场、车道以及收费亭内摄像机（云台）安装方位、高度符合设计要求。

5）控制机箱外部完整，门锁开闭灵活。

6）车道至收费站内的传输线不允许有中间接头。

7）电源、控制线路以及视频传输线路按规范要求连接到位，闭路电视系统的所有设备处于正常工作状态。

8）收费中心、收费站、收费车道各级监控室的连接按设计要求已经开通。

9）提交了隐蔽工程验收记录、分项工程自检和设备调试记录、有效的设备检验合格报告或证书等资料。

4.7.2 实测项目

见表4.7.2。

表4.7.2 闭路电视监视系统实测项目

项次		检查项目	技术要求	检查方法
1		立柱竖直度	≤5mm/m	铅锤、直尺或全站仪
2		△立柱、避雷针（接闪器）、法兰和地脚几何尺寸	符合设计要求	超声波测厚仪测量立柱壁厚，用全站仪测量立柱和避雷针高度，用量具测量其他尺寸
3		基础尺寸	符合设计要求	长、宽用量具测量，埋深查隐蔽工程验收记录或实测
4		△机箱、立柱、法兰和地脚的防腐涂层厚度	符合设计要求	用量具或涂层测厚仪测量
5		△强电端子对机壳绝缘电阻	≥50MΩ	500V兆欧表测量
6		△安全保护接地电阻	≤4Ω	接地电阻测量仪
7		△防雷接地电阻	≤10Ω	接地电阻测量仪
8	传输通道指标	△8.1 视频电平	700mV ± 30mV	电视信号发生器发送75%彩条信号，用视频测试仪检测
		△8.2 同步脉冲幅度	300 mV ± 20 mV	电视信号发生器发送75%彩条信号，用视频测试仪检测
		△8.3 回波E（%KF）	<7	电视信号发生器发送2T信号，用视频测试仪检测
		8.4 亮度非线性（%）	≤5	同上
		8.5 色度/亮度增益差	±5%	同上
		8.6 色度/亮度时延差（ns）	≤100	同上

续上表

项次		检查项目	技术要求	检查方法
8	传输通道指标	8.7 微分增益(%)	≤10	电视信号发生器发送调制的五阶梯测试信号，用视频测试仪检测
		8.8 微分相位(度)	≤10	电视信号发生器发送调制的五阶梯测试信号，用视频测试仪检测
		Δ8.9 幅频特性	5.8MHz 带宽内 ±2dB	电视信号发生器发送 $\sin x/x$ 信号，用视频测试仪检测
		Δ8.10 视频信杂比	≥56dB(加权)	电视信号发生器发送多波群信号，用视频测试仪检测
9	收费中心监视器画面指标	Δ随机信噪比(雪花干扰)(dB)	黑白：≥37，彩色：≥36	仪器测量，也可人工(5人以上)主观评分，≥4分合格
		Δ单频干扰(网纹)(dB)	黑白：≥40，彩色：≥37	
		Δ电源干扰(黑白滚道)(dB)	黑白：≥40，彩色：≥37	
		Δ脉冲干扰(跳动)(dB)	黑白：≥37，彩色：≥31	
10		Δ监视范围	监控室能清楚识别车型、车牌、收费额等信息	实际操作
11		Δ外场摄像机安装稳定性	受大风影响或接受变焦、转动等控制时，动作平滑、无抖动	实际操作
12		Δ切换功能	可切换到任一车道	实际操作
13		Δ录像功能	可录像，且录像回放效果清晰	实际操作
14		Δ信息叠加功能	能将时间、车道号、车型、收费额等信息叠加到图像上，且显示清楚	实际操作
15		硬拷贝功能	拷贝图像清楚	实际操作
16		报警功能	故障报警	模拟
17		云台水平转动角	水平：≥350°	实际操作
18		云台垂直转动角	上仰：≥15°，下俯：≥90°	实际操作
19		自动光圈调节	自动调节	实际操作
20		调焦功能	快速自动聚焦	实际操作
21		变倍功能	可变倍	实际操作
22		雨刷功能	工作正常	实际操作

注 1）主观评分可采用五级损伤制评定：

(1)图像上不觉察有损伤或干扰存在:5分；

(2)图像上稍有可觉察的损伤或干扰存在:4分；

(3)图像上有明显的损伤或干扰存在:3分；

(4)图像上损伤或干扰较严重:2分；

(5)图像上损伤或干扰极严重:1分。

2）17～22项不适用于车道收费亭的定焦距摄像机。

4.7.3 外观鉴定

1）立柱、机箱及摄像机(云台)安装牢固、端正。

2）各部件表面光泽一致、无划伤、无刻痕、无剥落、无锈蚀。

3）基础混凝土表面应刮平，无损边、无掉角；机箱、立柱、法兰及地脚螺栓规格符合设计要求，防腐措施得当，裸露金属基体无锈蚀。

4）防雷接地和安全接地应分开设置，接地焊接牢固，焊缝饱满并做防腐处理；防雷引下线及接地体用材料规格、防腐与连接措施、安装位置符合设计要求；金属机箱与安全保护地连接可靠，接地极引出线裸露金属基体无锈蚀。

5）云台防护罩和机箱的出线管与箱体连接密封良好，箱体内无积水、尘土、霉变。

6）机箱内电力线、信号线、元器件等布线平直、整齐、固定可靠，标识正确、清楚，插头牢固。

7）摄像机的电力线、信号线、视频传输线在收费广场地下通道内排列整齐、有序、无扭绞，标识正确、清楚。

以上任一项不符合要求时，该项减 0.1 ~ 1 分。

4.8 收费站内光、电缆及塑料管道

4.8.1 基本要求

1）收费系统各种光、电缆规格程式及使用的保护管道符合设计要求。

2）人(手)孔及管道设置安装齐全、合格，防水措施良好。

3）塑料通信管道敷设与安装符合规范要求。

4）光、电缆接续及占用管道孔正确，密封防水措施符合规范要求。

5）光、电缆成端及进室的措施得当，符合规范要求。

6）直埋电缆符合相关施工规范要求。

7）在收费广场电缆沟内，光电缆不得有接头。

8）隐蔽工程验收记录、分项工程自检和通电调试记录、有效的光电缆及接续附件的检验合格报告或证书等资料齐全。

4.8.2 实测项目

见表 4.8.2。

表 4.8.2 收费站内光、电缆及塑料管道实测项目

项 次	检 查 项 目	技 术 要 求	检 查 方 法
1	光纤护层绝缘电阻	≥1000 MΩ·km	1000V 兆欧表测量(仅对直埋光纤)
2	Δ单模光纤接头损耗	≤0.1dB	光万用表或光时域反射计测量
3	Δ多模光纤接头损耗	≤0.2dB	光万用表或光时域反射计测量
4	Δ低速误码率	BER≤10^{-8}	数据传输测试仪
5	同轴电缆衰耗	符合设计要求	衰耗测试仪
6	同轴电缆内外导体绝缘电阻	≥500 MΩ	用兆欧表 500V 档，在连接器的芯线和外导体之间测量
7	Δ电力电缆绝缘电阻	≥2MΩ	用 500V 兆欧表在配电箱和用电设备两点间测量
8	光电缆埋深	符合设计要求	查隐蔽工程记录，必要时挖开实测

4.8.3 外观鉴定

1) 配电箱和用电设备控制箱内光、电缆排列整齐、有序,绑扎牢固,标识清楚;电力电缆尾端连接与接续应使用专用连接器并用热塑套管封合与标记。

2) 同轴电缆成端应使用焊接方式,端头处理时预留长度一致、各层的开剥尺寸与电缆插头相应部分配合良好;芯线焊接端正、牢固、焊锡适量,焊点光滑、不带尖、不成瘤;组装成的同轴电缆插头配件齐全、位置正确、装配牢固。

3) 光、电缆入收费中心(站)的进线与成端符合规范要求,沿电缆井引入时,光电缆排列整齐有序、绑扎牢固;进入墙壁要有保护套管,余留长度满足使用要求。

4) 人(手)孔位置准确、预埋件安装牢固、防水措施良好,人(手)孔内无积水,高程符合设计要求。

5) 直埋电缆两端铠装层接地处理措施得当,电缆标石埋设符合设计要求。

以上任一项不符合要求时,该项减 0.1~1.5 分。

4.9 收费系统计算机网络

收费系统计算机网络分项工程的检查评定参照本册 2.9 执行。

5 低压配电设施

5.1 中心(站)内低压配电设备

5.1.1 基本要求

1) 电源设备数量、型号规格符合设计要求,部件及配件完整。

2) 电源室内市电油机转换屏(柜)、交直流配电、动力开关柜、UPS、室外配电箱、发电机组、发电机组控制柜等设备安装稳固,位置、方位正确。设备、列架排列整齐、有序,标志清楚、牢固。

3) 进入配电(箱)柜的所有电缆接头按规范进行开剥、焊接、镀锡、绑扎、密封和热塑封合防潮处理。

4) 设备、列架内以及设备之间的连接布线符合规范要求。所有进出线都进行标记,并附有配电简图。

5) 蓄电池组的连接条、螺栓、螺母进行防腐处理,并且连接可靠。

6) 所有设备安装到位,工作、安全、防雷等接地连接可靠。

7) 经过通电测试,处于正常工作状态。

8) 电源室、发电机组室通过安全、消防验收。

9) 隐蔽工程验收记录、分项工程自检和设备调试记录、安装和非安装设备及附(备)件清单、有效的设备检验合格报告或证书等资料齐全。

5.1.2 实测项目

见表 5.1.2。

表 5.1.2 中心(站)内低压配电设备实测项目

项次	检查项目	技术要求		检查方法
1	室内设备、列架的绝缘电阻	交流配电箱(柜)	符合设计要求,无要求时应≥2MΩ(设备安装后)	用 500V 兆欧表在设备内布线和地之间测量
		直流配电箱(柜)		
		交流稳压器		
		不中断电源		
2	△安全接地电阻	≤4Ω		接地电阻测量仪
3	△联合接地电阻	≤1Ω		接地电阻测量仪
4	设备安装的水平度	≤2mm/m		量具实测
5	设备安装的垂直度	≤3mm/m		用铅锤和量具实测

续上表

项 次	检 查 项 目	技 术 要 求	检 查 方 法
6	发电机组控制柜接地电阻	≤4Ω	接地电阻测量仪
7	发电机组控制柜绝缘电阻	≥2MΩ(设备安装后)	≥2MΩ(设备安装后)
8	发电机组启动及启动时间	符合要求	实际操作
9	发电机组容量测试	符合设计要求	查出厂测试报告
10	发电机组相序	与机组输出标志一致	相序指示器测试
11	发电机组输出电压稳定性	符合设计要求	查出厂测试报告和实际测量
12	自动发电机组自启动转换功能测试	市电掉电后,机组能自动启动,稳定后送入规定的线路上,可手动优先切换	实际操作或查有效的历史记录
13	Δ机组供电切换对机电系统的影响	机电系统所有设备不因受到机组电源切换,而工作出现异常	实际操作或查有效的历史记录
14	Δ电源室接地装置施工质量检查	接地体的材质和尺寸、安装位置及埋深;接地体引入线与接地体的连接以及防腐处理等符合设计要求	查隐蔽工程验收记录和施工记录

5.1.3 外观鉴定

1) 配电屏、设备、列架布局合理、安装稳固、横竖端正、排列整齐。

2) 设备安装后表面光泽一致、无划伤、无刻痕、无剥落、无锈蚀;部件标识正确、清楚。

3) 电源输出配线路由和位置正确、布放整齐,符合施工工艺要求。

4) 设备内布线整齐、美观、绑扎牢固;接线端头焊(压)结牢固、平滑;编号标识清楚,预留长度适当。

5) 设备抗震加固措施符合设计要求。

以上任一项不符合要求时,该项减0.1~1.5分。

5.2 外场设备电力电缆线路

5.2.1 基本要求

1) 室内外配电设备、电缆程式、保护管道、人(手)孔形式等设施的数量、型号规格、技术要求符合设计规定,部件及配件完整。

2) 电缆路由符合设计要求、人(手)孔及管道设置安装齐全、防水措施良好。

3) 室内外配电箱等设备安装稳固,位置、方位正确。标志清楚、牢固。

4) 室外配电箱应作双层防腐处理并有明显的“高压危险”字样及图案等标志。

5) 进入配电(箱)柜的所有电缆接头都按规范进行了开剥、焊接、镀锡、绑扎、密封处理,最后并进行热塑封合防潮处理。

6) 设备、列架内以及设备之间的连接布线符合规范要求。所有进出线都进行了标记,并附有配电简图。

7) 直埋电缆符合相关施工规范要求。

8）所有设备安装到位并作可靠的接地连接。

9）经过了通电测试，处于正常工作状态。

10）提交了隐蔽工程验收记录、分项工程自检和设备调试记录、安装和非安装设备及附（备）件清单、有效的设备检验合格报告或证书等资料。

5.2.2 实测项目

见表5.2.2。

表5.2.2 外场设备电力电缆线路实测项目

项次	检查项目	技术要求	检查方法
1	Δ配电箱基础尺寸及高程	符合设计要求	用量具测量
2	配电箱涂层厚度	符合设计要求，无要求时按GB/T 18226	用涂层测厚仪实测
3	电缆埋深	符合设计要求	查验隐蔽工程记录或实测
4	Δ电源箱、配电箱、分线箱安全接地电阻	≤4Ω	用接地电阻测量仪实测
5	Δ配线架对配电箱绝缘电阻	≥10 MΩ	用兆欧表实测
6	Δ相线对绝缘护套的绝缘电阻	≥2MΩ（全程）	用兆欧表实测

5.2.3 外观鉴定

1）基础混凝土表面应刮平，无损边、无掉角；联结地脚及螺栓规格符合设计要求，外观无锈蚀现象。

2）配电箱安装后，防腐涂层光泽一致，无划伤、无刻痕、无剥落等缺陷。

3）箱体开孔合适、切口整齐；出线管与箱体连接密封良好；箱门开闭灵活。

4）箱内接线整齐、回路编号齐全正确。

5）机箱密封良好，机箱内应无积水、无明显尘土和霉变。

6）接地焊接牢固，焊缝饱满并做防腐处理；机箱应接地可靠，连线标识清楚，走线横平竖直，符合视觉美观要求。

7）电缆成端符合规范要求，沿电缆井引入时，电缆排列整齐有序、绑扎牢固；进入墙壁有保护套管，预留长度满足使用要求。

8）直埋电缆两端铠装层接地处理措施得当，电缆标石埋设符合设计要求。

以上任一项不符合要求时，该项减0.1～1分。

6 照明设施

6.0.1 基本要求

1) 照明器和亮度传感器的类别、规格、适用场所、有效范围、数量、位置、安装间距、安装质量等符合要求。

2) 设备的电力线、信号线、接地线的类别、规格、数量、布设方式、位置、连接质量等符合要求。

3) 路面照明、建筑物(构造物)的景观照明、航空障碍灯、桥墩障碍灯等照明设施完整、协调。

4) 高杆灯由取得相应资质的单位供货,并有可靠的测试记录和报告。

5) 隐蔽工程验收记录、分项工程自检和设备调试记录、有效的设备检验合格报告或证书等资料齐全。

6.0.2 实测项目

见表 6.0.2。

表 6.0.2 照明设施实测项目

项次	检查项目	技术要求	检查方法
1	Δ灯杆基础尺寸	符合设计要求	长、宽用量具测量,埋深查隐蔽工程验收记录或实测
2	Δ灯杆壁厚	符合设计要求	金属灯杆用超声波测厚仪测量,混凝土灯杆查隐蔽工程验收记录
3	Δ灯杆、避雷针(接闪器)高度、法兰和地脚几何尺寸	符合设计要求	用全站仪测量灯杆和避雷针高度,用量具测量其他尺寸
4	Δ金属灯杆防腐涂层壁厚	镀锌:≥85μm,其他涂层符合设计要求	涂层测厚仪测量
5	灯杆垂直度	≤5mm/m	经纬仪
6	灯杆横纵向偏差	符合设计要求	经纬仪
7	Δ照明设备控制装置的接地电阻	≤4Ω	接地电阻测试仪
8	Δ灯杆接地电阻	≤10Ω	接地电阻测试仪
9	高杆灯灯盘升降功能测试	符合设计要求	实际操作
10	路段直线段照度及均匀度	符合设计要求	照度计
11	路段弯道段照度及均匀度	符合设计要求	照度计
12	大桥桥梁段照度及均匀度	符合设计要求	照度计
13	立交桥面段照度及均匀度	符合设计要求	照度计

续上表

项次	检查项目	技术要求	检查方法
14	收费广场照度及均匀度	符合设计要求	照度计
15	收费天棚照度及均匀度	符合设计要求	照度计
16	自动、手动两种方式控制全部或部分照明器的开闭	可控	实地操作
17	亮度传感器与照明器的联动功能	可控	模拟遮挡光探头
18	定时控制功能	可控	设定时间,观察

6.0.3 外观鉴定

1）灯柱、机箱及灯具安装位置和方位正确、牢固、端正。

2）各部件表面光泽一致、无划伤、无刻痕、无剥落、无锈蚀。

3）基础混凝土表面应刮平,无损边、无掉角;机箱、立柱、法兰及地脚螺栓规格符合设计要求,防腐措施得当,裸露金属基体无锈蚀。

4）高杆灯防雷接地焊接牢固,焊缝饱满并作防腐处理;防雷引下线及接地体用材料规格、防腐与连接措施、安装位置符合设计要求;金属机箱与安全保护地连接可靠,接地极引出线裸露金属基体无锈蚀。

5）机箱的出线管与箱体连接密封良好,箱体内无积水、尘土、霉变。

6）机箱内电力线、信号线、元器件等布线平直、整齐、固定可靠,标识正确、清楚,插头牢固。

7）灯杆、灯具装配安装后,线形与道路线形在横向、纵向、高度协调一致,线形美观。

以上任一项不符合要求时,该项减 0.1 ~ 1 分。

7 隧道机电设施

7.1 车辆检测器

车辆检测器分项工程的检评按本册 2.1 执行。

7.2 气象检测器

气象检测器分项工程的检评按本册 2.2 执行。

7.3 闭路电视监视系统

闭路电视监视系统分项工程的检评按本册 2.3 执行。

7.4 紧急电话系统

紧急电话系统分项工程的检评除安装高度和音量符合隧道设计要求外按本册 3.4 执行。

7.5 环境检测设备

7.5.1 基本要求

1) 环境检测器及其配置的 CO 传感器、烟雾传感器、照度传感器、风向风速传感器的数量、型号规格符合要求,部件完整。

2) 环境检测器及其配置的传感器安装位置正确,符合要求。

3) 按规范要求连接环境检测器及其传感器的保护线、信号线、电力线,排列规整、无交叉拧绞,经过通电测试,处于正常工作状态。

4) 隐蔽工程验收记录、分项工程自检和设备调试记录、安装和非安装设备及附(备)件清单、有效的设备检验合格报告或证书等资料齐全。

7.5.2 实测项目

见表 7.5.2。

表 7.5.2 环境检测设备实测项目

项 次	检 查 项 目	技 术 要 求	检 查 方 法
1	△传感器安装位置偏差	符合设计要求	用经纬仪或量尺测量
2	△绝缘电阻	强电端子对机壳≥50MΩ	500V 兆欧表测量
3	△安全保护接地电阻	≤4Ω	接地电阻测量仪

续上表

项 次	检 查 项 目	技 术 要 求	检 查 方 法
4	防雷接地电阻	≤10Ω	接地电阻测量仪
5	Δ数据传输性能	24h 观察时间内失步现象不大于1次或 BER 小于 10^{-8}	数据传输测试仪
6	CO 传感器灵敏度	符合要求或出厂检验指标	用相应仪器比对
	Δ烟雾传感器灵敏度	符合要求或出厂检验指标	用相应仪器比对
	Δ照度传感器灵敏度	符合要求或出厂检验指标	用相应仪器比对
	风速传感器灵敏度	符合要求或出厂检验指标	用相应仪器比对
7	CO 传感器精度偏差	符合要求或出厂检验指标	用相应仪器比对
	烟雾传感器精度偏差	符合要求或出厂检验指标	用相应仪器比对
	照度传感器精度偏差	符合要求或出厂检验指标	用相应仪器比对
	风速传感器精度偏差	符合要求或出厂检验指标	用相应仪器比对
	风向传感器精度偏差	符合要求或出厂检验指标	用相应仪器比对
8	Δ数据采样周期	符合设计要求	实际操作
9	信号输出方式	符合设计要求	用示波器和数据传输分析仪
10	与风机、照明、消防、报警、诱导、可变标志、控制计算机的联动功能	符合设计要求	模拟或实际操作

7.5.3 外观鉴定

1）环境检测器控制箱安装稳固、位置正确，表面光泽一致、无划伤、无刻痕、无剥落、无锈蚀。

2）控制箱门开关灵活、出线孔分列明确、密封措施得当，机箱内无积水、无霉变、无明显尘土，表面无锈蚀。

3）控制箱内电力线、信号线、接地线分列明确，布线整齐、美观、绑扎牢固，接线端头焊(压)结牢固、平滑；编号标识清楚，余留长度适当、规整。

4）控制箱至传感器的电力线、信号线、接地线端头制作规范；按设计要求采取了线缆保护措施、布线排列整齐美观、安装牢固、标识清楚。

5）传感器的布设位置正确、排列整齐美观、安装牢固、标识清楚。

6）传感器表面光泽一致、无划伤、无刻痕、无剥落、无锈蚀。

以上任一项不符合要求时，该项减 0.1～1 分。

7.6 报警与诱导设施

7.6.1 基本要求

1）报警与诱导设施的数量、型号规格符合设计要求，部件完整。

2）报警与诱导设施的安装位置正确，符合要求。

3）按规范要求连接报警与诱导设施的保护线、信号线、电力线，排列规整、无交叉拧绞,经过通电测试,工作状态正常。

4) 隐蔽工程验收记录、分项工程自检和设备调试记录、安装和非安装设备及附(备)件清单、有效的设备检验合格报告或证书等资料齐全。

7.6.2 实测项目

见表7.6.2。

表7.6.2 报警与诱导设施实测项目

项 次	检 查 项 目	技 术 要 求	检 查 方 法
1	报警按钮的位置和高度偏差	符合设计要求	用经纬仪或量尺测量
2	警报器的位置和高度偏差	符合设计要求	用经纬仪或量尺测量
3	诱导设施的位置和高度偏差	符合设计要求	用经纬仪或量尺测量
4	△绝缘电阻	强电端子对机壳≥50MΩ	500V兆欧表测量
5	△安全保护接地电阻	≤4Ω	接地电阻测量仪
6	防雷接地电阻	≤10Ω	接地电阻测量仪
7	△数据传输性能	24h观察时间内失步现象不大于1次或BER≤10^{-8}	数据传输测试仪
8	△警报器音量	96~120dB(A)或设计要求	声级计
9	诱导设施的色度	符合GB 14887要求	用色度/亮度计实测
10	诱导设施的亮度	符合GB 14887要求	用色度/亮度计实测
11	报警信号输出	能将报警器位置、类型等信息传送到中心控制室计算机或本地控制器	实际操作
12	△报警按钮与警报器的联动功能	警报器可靠接受报警信号的控制	实际操作

7.6.3 外观鉴定

1) 警报器和诱导设施控制箱安装稳固、位置正确,表面光泽一致、无划伤、无刻痕、无剥落、无锈蚀。

2) 控制箱柜门开关灵活、出线孔分列明确、密封措施得当,机箱内无积水、无霉变、无明显尘土,表面无锈蚀。

3) 控制箱内电力线、信号线、接地线分列明确,布线整齐、美观、绑扎牢固,接线端头焊(压)结牢固、平滑;编号标识清楚,预留长度适当、规整。

4) 控制箱至警报器和诱导设施的电力线、信号线、接地线端头制作规范;按设计要求采取线缆保护措施、布线排列整齐美观、安装牢固、标识清楚。

5) 警报器和诱导设施的布设位置正确、排列整齐美观、安装牢固、标识清楚。

6) 警报器和诱导设施表面光泽一致、无划伤、无刻痕、无剥落、无锈蚀。

以上任一项不符合要求时,该项减0.1~1分。

7.7 可变标志

可变标志分项工程的检评按本册2.4执行。

7.8 通风设施

7.8.1 基本要求

1）通风设备及缆线的数量、型号规格、程式符合设计要求，部件及配件完整。

2）通风设备安装支架的结构尺寸、预埋件、安装方位、安装间距等符合设计要求，并附抗拔力的检验报告。

3）通风设备安装牢固、方位正确。

4）按规范要求连接通风设备的保护线、信号线、电力线，排列规整、无交叉拧绞，经过通电测试，工作状态正常。

5）隐蔽工程验收记录、分项工程自检和设备调试记录、安装和非安装设备及附(备)件清单、有效的设备检验合格报告或证书等资料齐全。

7.8.2 实测项目

见表 7.8.2。

表 7.8.2 通风设施实测项目

项 次	检 查 项 目	技 术 要 求	检 查 方 法
1	安装误差	符合设计要求	用经纬仪或量尺测量
2	△净空高度	符合设计要求	用经纬仪或量尺测量
3	△绝缘电阻	强电端子对机壳≥50MΩ	500V 兆欧表测量
4	△控制柜安全保护接地电阻	≤4Ω	接地电阻测量仪
5	△防雷接地电阻	≤10Ω	接地电阻测量仪
6	△风机运转时隧道断面平均风速	符合设计要求	风速仪实测
7	风机全速运转时隧道噪声	符合设计要求	声级计实测
8	响应时间	发送控制命令后至风机启动带动叶轮转动时的时间≤5s，或符合设计要求	实际操作
9	方向可控性	接收手动、自动控制信号改变通风方向	实际操作
10	风速可控性	接收手动、自动控制信号调节通风量	实际操作
11	运行方式	风机具有手动、自动两种运行方式以控制风机的启动、停止、方向和风量	实际操作
12	本地控制模式	自动运行方式下，可以接收多路检测器的控制，控制风机启动、停止与方向、风量	实际操作
13	远程控制模式	自动运行方式下，通过标准串口，接收本地控制器或计算机控制系统的控制，控制风机启动、停止与方向、风量	实际操作

7.8.3 外观鉴定

1）通风设备安装稳固、位置正确。

2）通风设备的电力线、信号线、接地线端头制作规范；按设计要求采取线缆保护措施、布线排列整齐美观、安装固定、标识清楚。

3）设备表面光泽一致、无划伤、无刻痕、无剥落、无锈蚀。

4）控制柜内布线整齐、美观、绑扎牢固，接线端头焊(压)结牢固、平滑；编号标识清楚，预留长度适当；柜门开关灵活、出线孔密封措施得当，机箱内无积水、无霉变、无明显尘土，表面无锈蚀。

以上任一项不符合要求时，该项减 0.1～1.5 分。

7.9 照明设施

7.9.1 基本要求

1）照明设备及缆线的数量、型号规格、程式符合设计要求，部件及配件完整。

2）照明灯具安装支架的结构尺寸、预埋件、安装方位、安装间距等符合设计要求。

3）照明设备及控制柜安装牢固、方位正确。

4）按规范要求连接照明设备的保护线、信号线、电力线，排列规整、无交叉拧绞，经过通电测试，工作状态正常。

5）隐蔽工程验收记录、分项工程自检和设备调试记录、安装和非安装设备及附(备)件清单、有效的设备检验合格报告或证书等资料齐全。

7.9.2 实测项目

见表 7.9.2。

表 7.9.2 照明设施实测项目

项次	检查项目	技术要求	检查方法
1	灯具的安装偏差	符合设计要求。无要求时：纵向≤30mm，横向≤20mm，高度≤10mm	用经纬仪或量尺测量
2	Δ绝缘电阻	强电端子对机壳≥50MΩ	500V 兆欧表测量
3	Δ控制柜安全保护接地电阻	≤4Ω	接地电阻测量仪
4	Δ防雷接地电阻	≤10Ω	接地电阻测量仪
5	灯具启动时间的可调性	照明回路组的启动时间间隔可调、可控	实际操作
6	Δ启动、停止方式	可自动、手动两种方式控制全部或部分照明器的启动、停止	实际操作
7	Δ照度(入口段、过渡段、中间段)	符合设计要求	照度计
8	照度总均匀度、纵向均匀度	符合设计要求	照度计
9	紧急照明	双路供电照明系统，主供电路停电时，应自动切换到备用供电线路上	模拟操作

7.9.3 外观鉴定

1）照明灯具安装稳固、位置正确，灯具轮廓线形与隧道协调、美观。

2）照明设备的电力线、信号线、接地线端头制作规范；按设计要求采取线缆保护措施、布线排列整齐美观、安装固定符合要求、标识清楚。

3）设备表面光泽一致、无划伤、无刻痕、无剥落、无锈蚀。

4）控制柜内布线整齐、美观、绑扎牢固，接线端头焊（压）结牢固、平滑；编号标识清楚，预留长度适当；柜门开关灵活、出线孔密封措施得当，机箱内无积水、无霉变、无明显尘土，表面无锈蚀。

5）照明灯具应发光均匀、无刺眼的眩光。

以上任一项不符合要求时，该项减 0.1 ~ 1.5 分。

7.10 消防设施

7.10.1 基本要求

1）消防设施的火灾探测器、消防控制器、火灾报警器、消火栓、灭火器、加压设施、供水设施及消防专用连接线缆、管道、配（附）件等器材的产品质量符合国家或行业标准，其数量、型号规格符合设计要求，部件完整。

2）消防设施的安装支架、预埋锚固件、预埋管线、在隧道内安装孔位、安装间距等符合设计要求。

3）明装的线缆、管道保护措施符合设计要求。

4）所有安装设施安装到位、方位正确、不侵入公路建筑限界，设备标识清楚。

5）按规范要求连接消防设施的保护线、信号线、电力线，线缆排列规整、无交叉拧绞，标识完整、清楚，消防系统经过通电测试、联调，工作状态正常。

6）隐蔽工程验收记录、分项工程自检和设备调试记录、安装和非安装设备及附（备）件清单、有效的设备检验合格报告或证书等资料齐全。

7.10.2 实测项目

见表 7.10.2。

表 7.10.2 消防设施实测项目

项 次	检查项目	技术要求	检查方法
1	火灾探测器安装位置	符合设计要求	用经纬仪或量尺测量
2	消防控制器安装位置	符合设计要求	用经纬仪或量尺测量
3	火灾报警器、消火栓安装位置	符合设计要求	用经纬仪或量尺测量
4	灭火器安装位置	符合设计要求	用经纬仪或量尺测量
5	消防控制器安装位置	符合设计要求	用经纬仪或量尺测量
6	加压设施气压	符合设计要求	利用设施上的气压表目测
7	供水设施水压	符合设计要求	利用设施上的水压表目测
8	绝缘电阻	强电端子对机壳≥50MΩ	500V 兆欧表测量
9	△控制器安全保护接地电阻	≤4Ω	接地电阻测量仪

续上表

项 次	检 查 项 目	技 术 要 求	检 查 方 法
10	Δ防雷接地电阻	≤10Ω	接地电阻测量仪
11	Δ火灾探测器灵敏度	可靠探测火灾,不漏报、不误报,并将探测数据传送到火灾控制器和上端计算机	模拟测试
12	Δ火灾报警器灵敏度	按下报警器时,触发警报器,并把信号传送到火灾控制器和上端计算机	模拟测试
13	Δ消火栓的功能	打开阀门后在规定的时间内达到规定的射程	模拟测试1次
14	其它灭火器材的功能	按使用说明书	抽测1个
15	火灾探测器与自动灭火设施的联合测试	设计要求	模拟测试1次,或查施工记录、历史记录

7.10.3 外观鉴定

1) 消防设施安装稳固、位置正确,与隧道协调、美观。

2) 消防设施的电力线、信号线、接地线端头制作规范;按设计要求采取了线缆保护措施、布线排列整齐美观、安装固定、标识清楚。

3) 设备表面光泽一致、无划伤、无刻痕、无剥落、无锈蚀。

4) 控制箱内布线整齐、美观、绑扎牢固,接线端头焊(压)结牢固、平滑并进行了热塑封合;编号标识清楚,预留长度适当;箱门开关灵活、出线孔密封措施得当,机箱内无积水、无霉变、无明显尘土,表面无锈蚀。

以上任一项不符合要求时,该项减0.1~1.5分。

7.11 本地控制器

7.11.1 基本要求

1) 本地控制器及其配件的数量、型号规格符合要求,部件完整。

2) 本地控制器安装方位正确、不侵入公路建筑限界,设备标识清楚。

3) 明装的线缆、管道保护措施符合设计要求。

4) 本地控制器至控制中心以及隧道内下端设备的保护线、信号线、电力线的连接符合设计要求。线缆排列规整、无交叉拧绞,标识完整、清楚。

5) 与下端设备及控制中心计算机进行通电测试、联调,工作状态正常。

6) 隐蔽工程验收记录、分项工程自检和设备调试记录、有效的设备检验合格报告或证书等资料齐全。

7.11.2 实测项目

见表7.11.2。

表 7.11.2 本地控制器实测项目

项　次	检查项目	技术要求	检查方法
1	基础尺寸	符合设计要求	用量尺测量
2	安装水平度、竖直度	水平：≤3mm/m　垂直：≤5mm/m	铅锤、直尺或全站仪
3	△机箱、锚具和地脚的防腐涂层厚度	符合设计要求	用量具或涂层测厚仪测量
4	△强电端子对机壳绝缘电阻	≥50MΩ	500V 兆欧表测量
5	△安全保护接地电阻	≤4Ω	接地电阻测量仪
6	△防雷接地电阻	≤10Ω	接地电阻测量仪
7	△数据传输性能	48h 观察时间内失步现象不大于 1 次或 24hBER≤10^{-8}	数据传输测试仪
8	△与计算机通信功能	按设计周期与中心计算机通信	实际操作
9	△对所辖区域内下端设备控制功能	按设计周期或中心控制采集、处理、计算各下端设备的数据	实际操作
10	△本地控制功能	中心计算机或通信链路故障时，具有独立控制功能	实际操作
11	断电时恢复功能	加电或系统重启动后可自动运行原预设控制方案	模拟测试

7.11.3 外观鉴定

1）本地控制器安装稳固、位置正确，设备表面光泽一致、无划伤、无刻痕、无剥落、无锈蚀。

2）与外部连接的电力线、信号线、接地线端头制作规范；按设计要求采取线缆保护措施、布线排列整齐美观、安装固定符合要求、标识清楚。

3）控制箱内布线整齐、美观、绑扎牢固，接线端头焊（压）结牢固、平滑并进行热塑封合；编号标识清楚，余留长度适当。

4）箱门开关灵活、出线孔密封措施得当，机箱内无积水、无霉变、无明显尘土，表面无锈蚀。

以上任一项不符合要求时，该项减 0.1～1.5 分。

7.12 隧道监控中心设备及软件

7.12.1 基本要求

7.12.1.1 隧道监控中心设备

1）所有设备型号规格、数量、性能参数和配置符合设计和合同要求。

2）隧道监控中心机房的防雷、接地、水暖、供电、空调通风、照明等辅助设施安装调试完毕并通过相关专业的验收。

3）隧道监控中心机房应整洁，通风、照明良好。

4) 计算机控制系统所有硬件设备安装调试完毕,并与外场所有子系统通过了联调,系统处于正常运转工作状态。

5) 隐蔽工程验收记录、分项工程自检和设备及系统联调记录、有效的设备检验合格报告或证书等资料齐全。

7.12.1.2 计算机控制系统软件

1) 具有采集隧道段交通流、气象参数、隧道内环境参数、火灾信息、声音图像信息、隧道段主要交通设施运行状态信息的功能。

2) 具有自动探测和确认隧道内异常事件并作出快速响应的功能。

3) 具有建立隧道段交通数据库的功能。

4) 按国家相关标准进行软件的稳定性、可靠性测试并附报告;编制并提供符合规范的软件手册及相关文档。

7.12.2 实测项目

见表7.12.2。

表7.12.2 隧道监控中心设备及软件实测项目

项次	检查项目	技术要求	检查方法
1	Δ系统设备安装联接的可靠性	系统设备安装联接应可靠,经振动试验后系统无告警、错误动作	橡皮锤轻轻敲击设备基架和服务器主机的配线背板15min
2	接地连接的可靠性	工作地、安全地、防雷地按规范要求分别连接到汇流排上	用万用表测量,目测检查
3	Δ联合接地电阻	≤4Ω	接地电阻测量仪测量
4	强电端子对机壳绝缘电阻	≥50 MΩ	500V兆欧表抽测人易触摸到的带电金属壳体设备
5	与本地控制器的通信功能	定时或实时轮询各本地控制器的数据,收集信息或发送执行命令	实际操作
6	与监控中心计算机通信功能	与监控中心传输规定的数据,传输准确	实际操作
7	服务器功能	主要完成网管、数据备份、资源共享。其它设计规定的内容	实际操作
8	中央管理计算机功能	协调和管理其它计算机。其它设计规定的内容	实际操作
9	交通控制计算机功能	接收下端车辆检测器传来的信息,作出执行控制方案。其它设计规定的内容	实际操作或模拟操作
10	通风照明计算机功能	接收下端环境检测器传来的信息,作出执行控制方案。其它设计规定的内容	实际操作或模拟操作
11	火灾报警控制计算机功能	接收下端火灾报警控制器传来的信息,作出执行控制方案。其他设计规定的内容	实际操作或模拟操作
12	图像控制计算机的功能	对各CCTV图像切换、控制,在大屏幕上显示。其它设计规定的内容	实际操作
13	紧急电话控制台功能	完成对下端分机呼叫的应答。其它设计规定的内容	实际操作
14	大屏幕的安装质量和功能	符合设计要求	目测和实际操作
15	地图板的安装质量和功能	符合设计要求	目测和实际操作

续上表

项次	检查项目	技术要求	检查方法
16	Δ报表统计管理及打印功能	中心计算机系统可打印规定的各种报表	实际操作
17	双机热备份功能	当主机宕机时，从机能够自动接管，保证业务的连续性和正确性，切换时间符合要求	模拟操作
18	数据完整性测试	系统崩溃或电源故障，重新启动时，系统能自动引导至正常工作状态，并执行原控制方案，不丢失历史数据	模拟操作或查历史记录

7.12.3 外观鉴定

1）监控中心计算机设备安装稳固、端正。

2）中心监控室内操作台、座椅、设备、配线列架等整齐、有序、无明显歪斜，标志清楚、牢固。

3）所有设备安装后，外观无划伤、刻痕，以及防护层剥落等缺陷。

4）设备及收费监控室内布线整齐美观、固定可靠、标识清楚；过墙、板、地下通道处要有保护套管，并留有适当余量。

5）设备之间连线接、插头等部件要求连接可靠、紧密、到位准确；布线整齐、余留规整、标识清楚；固定螺丝等要求紧固，无松动。

6）配电箱内信号线、动力线及其接、插头要求明显区分，标识清楚，有永久性接线图。

以上任一项不符合要求时，该项减 0.1～1 分。

7.13 隧道监控中心计算机网络

隧道监控中心计算机网络分项工程的检评参照本册第 2.9.2 条执行。

7.14 低压供配电

隧道低压供配电分项工程的检评按本册第 5 章执行。

附录 A 通信管道试通的检验与评定

A.0.1 通信管道工程试通管孔,是通信管道工程质量评定具有否决权的关键项目,应符合以下规定:

1) 直线管道管孔试通应用比被试管孔标称直径小 5mm、长 900mm 的拉棒进行;钢材等单孔组群的通信管道,每 5 孔抽试 1 孔;5 孔以下抽试 1/2;2 孔试 1 孔;1 孔则全试。

2) 管道在曲率半径大于 36m 时,应用比被试管孔标称直径小 6mm、长 900mm 的拉棒进行;试通管孔数同上。

3) 有包封的管道管孔试通,同上处理。

A.0.2 通信管道工程管孔试通的评定标准,应按下列规定执行:

1. 管孔试通全部通过 A.0.1 的规定或在试通总数(孔段)的 5% 以下标准拉棒不能通过,但能通过比标准拉棒直径小 1mm 的,为"合格"。

2. 其他为不合格,应由施工单位返修至合格后,再进行验收。

附录B　本规范用词说明

B.0.1　对执行条文严格程度的用词采用以下写法：

表示很严格，非这样不可的用词：

正面词采用“必须”；

反面词采用“严禁”。

表示严格，在正常情况下均应这样做的用词：

正面词采用“应”；

反面词采用“不应”或“不得”。

表示允许稍有选择，在条件许可时首先这样做的用词：

正面词采用“宜”或“可”；

反面词采用“不宜”。

B.0.2　条文中应按指定的其他有关标准、规范的规定执行，其写法为“应按……执行”或“应符合……要求（或规定）”。

如非必须按指定的其他有关标准、规范的规定执行，其写法为“可参照……”。

附件 1

公路工程质量检验评定标准

第二册 机 电 工 程

（JTG F80/2—2004）

条 文 说 明

1　一般规定

本章主要是对《公路工程质量检验评定标准》(JTG F80—2004)第一册之1、2、3章的补充,说明如下:

1.0.1　机电工程是整个公路工程的一部分,但其技术要求、施工工艺、试验检评方法等与公路工程的土建部分有较大区别,故将其作为一个独立的专业单位工程设置。本着不同的专业应由不同的承包单位组织施工,以减少交叉、便于质量监控和管理的原则,划分了分部工程。表1-1给出了机电工程的层次结构和抽样单位,检评时可据此表对整个工程进行统计并进行抽样。

表1-1　机电工程分项工程划分表

<table>
<tr><th>单位工程</th><th>分部工程</th><th>分 项 工 程</th><th>抽样单位</th><th>基本要求</th><th>实测项目</th><th>外观鉴定</th></tr>
<tr><td rowspan="15">机电工程</td><td rowspan="9">2监控设施</td><td>2.1车辆检测器</td><td>1个控制机箱</td><td></td><td></td><td></td></tr>
<tr><td>2.2气象检测器</td><td>1个控制机箱</td><td></td><td></td><td></td></tr>
<tr><td>2.3闭路电视监视系统</td><td>外场设备以1个摄像机为单位,室内设备以中心(分中心)为单位</td><td></td><td></td><td></td></tr>
<tr><td>2.4可变标志</td><td>1个外场设备</td><td></td><td></td><td></td></tr>
<tr><td>2.5光、电缆线路</td><td>以条为单位</td><td></td><td></td><td></td></tr>
<tr><td>2.6监控中心设备安装及软件调测</td><td>中心为单位测点</td><td></td><td></td><td></td></tr>
<tr><td>2.7地图板</td><td>以完整块为单位测点</td><td></td><td></td><td></td></tr>
<tr><td>2.8大屏幕投影系统</td><td>1个完整屏幕为测点</td><td></td><td></td><td></td></tr>
<tr><td>2.9计算机监控软件与网络</td><td>中心为单位测点</td><td></td><td></td><td></td></tr>
<tr><td rowspan="6">3通信设施</td><td>3.1通信管道与光电缆线路</td><td>以条为单位</td><td></td><td></td><td></td></tr>
<tr><td>3.2光纤数字传输系统</td><td>站为单位测点</td><td></td><td></td><td></td></tr>
<tr><td>3.3程控数字交换系统</td><td>站为单位测点</td><td></td><td></td><td></td></tr>
<tr><td>3.4紧急电话系统</td><td>分机为单位测点,控制台的检测项目单列</td><td></td><td></td><td></td></tr>
<tr><td>3.5无线移动通信系统</td><td>中心为单位测点</td><td></td><td></td><td></td></tr>
<tr><td>3.6通信电源</td><td>站为单位测点</td><td></td><td></td><td></td></tr>
</table>

续上表

单位工程	分部工程	分 项 工 程	抽样单位	基本要求	实测项目	外观鉴定
机电工程	4 收费设施	4.1 入口车道设备	车道为单位测点			
		4.2 出口车道设备	车道为单位测点			
		4.3 收费站设备及软件	站为单位测点			
		4.4 收费中心设备及软件	中心为单位测点			
		4.5 IC 卡及发卡编码系统	套为单位测点			
		4.6 闭路电视监视系统	外场设备以 1 个摄像机为单位,室内设备以站为单位			
		4.7 内部有线对讲及紧急报警系统	分机、报警器为多测点			
		4.8 站内光、电缆线路	以条为单位			
		4.9 收费系统计算机网络	中心为单位测点			
	5 低压配电设施	5.1 中心(站)内低压配电设备	站为单位测点			
		5.2 外场设备电力电缆	以条为单位			
	6 照明设施	照明设施	以中心为单位			
	7 隧道机电设施	7.1 车辆检测器	同 2.1			
		7.2 气象检测器	同 2.2			
		7.3 闭路电视监视系统	同 2.3			
		7.4 紧急电话系统	分机为单位测点			
		7.5 环境检测设备	控制箱为一个,探头分记			
		7.6 报警与诱导设施	控制箱为一个,按组分记			
		7.7 可变标志	同 2.4			
		7.8 通风设施	1 个风机为一个测点			
		7.9 照明设施	控制箱为 1 个测点,灯具按个分记			
		7.10 消防设施	系统为 1 个测点,设备按点分记			
		7.11 本地控制器	以台为 1 个单位测点			
		7.12 隧道监控中心计算机控制系统	系统为 1 个点,设备按个分记			
		7.13 隧道监控中心计算机网络	系统为 1 个点,设备按个分记			
		7.14 低压供配电	以 1 个配电箱为测点			

1.0.2 本标准主要是为具有较完善机电设施的高速公路编制的,随着社会进步和经济发展,国家对交通安全日益重视,一些普通道路也逐步安装了许多机电设施,如交通信号灯、闭路监视系统、车辆检测系统等,因此本标准范围可覆盖各等级公路的机电设施。

1.0.3　施工单位是保证工程质量的内因,监理单位是外因,因此要求施工单位对每项工作都要100%的检查;监理单位不低于30%;对于建设管理单位,视工程投资和重要程度,依据交通部公路工程验收管理办法,自定抽检频率(一般不低于10%)。

1.0.4　和公路工程检验评定内容基本保持一致,机电工程也包括基本要求、实测项目、外观鉴定、资料等四个方面。公路工程的实测项目是客观参数,而机电工程有些系统的功能、性能无法用一个指标值来控制,只能用功能测试、外观评价的方法,因此本标准的实测项目包括了参数测量和功能测试两部分,有些规定与公路工程不同,每个项目对机电工程质量都很重要,因此规定权值均为1。

本标准中的检测方法大部分用了仪器测量,没有更具体化。一个电量参数或者一个功能验证试验需要多台测量仪表,在一定的条件下,按照一定的测量程序才能获得,根据测量规定还要对测量结果进行不确定度评定。而机电参数、功能验证众多,有些方法还在研究阶段,为了使评定结果的量值统一,需要一部专门的测试规程来指导不同测试单位和人员进行测试,该规程正在申报编制中。

关于机电工程外观鉴定的评定办法:

机电工程的设备安装与土建工程不同,除了包括土建工程中的基础部分外,质量监控重点是机电工程的设备机箱安装质量、与之相关联的电力线、信号线、防雷、接地、与安全保护等处理工序、工艺及各工作部件的设置等。这些工艺措施都是外观评定的内容,用多项指标规定整个分项工程的质量。而这些项目指标在短期内不会直接影响机电工程的安全,但当缺陷积累到一定程度时至少反映出两方面问题,一是表明承包商的技术水平有问题,二是工程管理不善导致工程质量不合格。因此机电工程的外观质量也是比较重要的检测项目,可以影响工程的合格判定。然而对这些项目的评定很难用参数或功能的"是"、"否"两个逻辑参量来明确判定(线路的连接"对错"可以判定,指标已放在基本要求中),因此用缺陷扣分的方法来处理。扣分原则如下:

1) 外观鉴定条目下的每一款为一个项目;

2) 有轻微缺陷,无证据时,该项目可扣0.1分;

3) 有轻微缺陷,有证据时,每个证据可扣0.1分,每项目累计不超过1分;

4) 有明显缺陷,每个证据可扣0.5分,每项目累计不超过1.5分,当累计至1.5分以上时为不合格项,要求返工修复此测点;

5) 有严重缺陷,很明显不符合标准要求,此测点不得分,要求返修此测点。

6) 在统计分项工程的外观缺陷减分时,按减分最多的测点计算,不累加。如检查了10部外场紧急电话分机,第1测点扣2.3分,第2测点扣1.7分,第10测点扣4分,其余测点没扣分,则该分项工程的外观鉴定减分应为4分。

1.0.5　本条中"质量保证资料应真实并基本齐全"有如下意义:公路机电工程中的大部分设备都是专用设备,没有经过鉴定、定型,有的甚至是草机,质量难以保证,需要专业检测实验室对提供的机电设备进行检测评定是一种有效途径。在检查机电设备的质量保证资料时,应要求承包商提供有资质的检测机构出具的合格检测报告或证书并在有效期内,这里的有资质是指通过了计量认证和实验室国家认可,并在附表上标明有该项产品的检测能力。

2　监控设施

2.1　车辆检测器

车辆检测器是监控系统最重要的数据信息采集设备，其采集的数据是监控中心进行实时分析、处理、决策的基础。车辆检测器的类型有环形线圈车辆检测器、超声波检测器、微波检测器、视频检测器，但无论是哪种车辆检测器其主要质量控制点都应包括测参数的准确性、数据传输性能、安全保护、机壳质量等。目前在公路机电工程中使用的主要是环形线圈车辆检测器，本标准主要以此为依据编写。

2.1.1　基本要求

对外场设备施工的基本要求是：承包商应严格按照设计和合同要求将合格的产品，按照施工规范或要求安装到施工图纸规定的位置，安装过程中对设备保护措施得当，安装后设备无损伤、能正常工作，通过了电气连通试验和自我检测，并提交了必要的保证资料。基本要求所列出的检查项目是工程开通的最低要求，必须保证。但是满足了基本要求还不能证明工程就合格了，还要通过实测和进一步的外观鉴定、综合评判才能说明施工队伍的水平和工程的真实质量。实践证明施工队伍配置合理的机具，高素质的人员和技术熟练、经验丰富、管理完善是保证施工质量的必要条件。

室外国产机电设备的机箱和门锁质量与进口设备相比仍有较大差距，在维护或检查时经常出现打不开门的现象，而 20 世纪 80 年代安装的国外进口设备的门锁到现在使用状态依旧良好，本标准专门提出了门锁质量要求。

2.1.2　实测项目

机电工程的实测项目是通过仪器测量或实际试验能够证明设备的性能指标和功能符合设计或标准要求的项目，分为一般项目和关键项目。一般项目不影响设备的运行和安全要求，关键项目直接影响设备的运行或安全，必须符合要求。按照功能、安全、耐久性将车辆检测器分了 12 个实测项目，6 个关键项目是各种检测器必须满足的，交通量和车速是监控中心进行实时分析、处理、决策的基础，直接影响到控制策略，绝缘电阻和接地影响人身安全（对于 36V 以下低压供电的检测器可不作要求），正确传输数据和可靠保证数据安全是基本要求。

交通量和平均测速精度，人们习惯用大于 $9X\%$ 表示，这种方式在实际计算时并不科学。如一检测器检测到了 120 辆车，而实际上只有 100 辆车，用习惯表示该检测器的精度:120/100×100%=120%>99%,并不能说明该检测器的检测精度高;而用相对误差表示:(120-100)/100×100%=20%,很容易说明该检测器的检测误差较大,即精度不高。所以本标准用了检测允差指标。

$$允差=\frac{X-X_0}{X_0}\times100\% \tag{1}$$

式中:X——被测设备示值,如交通量或平均车速;

X_0——人工或更高一级检测设备示值,如人工计数的交通量或雷达测速仪测得平均车速。

2.1.3 外观鉴定

外观质量主要包括设备机箱的防护层是否损伤、安装方位是否端正、接线是否美观等,这些指标不会立即影响到设备的安全或功能发挥,但是却反映出施工企业的素质和熟练程度。公路建成开通后,经常发现一些机电设备锈迹斑斑,主要原因是在安装施工过程中的刮碰,破坏了原有的防护涂层所造成。所以对外观鉴定作了较多的规定,目的是促使企业提高素质,生产企业提高生产工艺生产出优质的产品,施工企业安装出一流工程。

2.2 气象检测器

2.2.1 基本要求

气象检测器也是一种室外信息采集设备,基本要求与车辆检测器基本相同。

2.2.2 实测项目

气象检测器目前还没有相应的行业标准和国家标准,本标准中的一些技术数据主要来自近几年进口设备的生产商提供的产品说明书或安装手册,是按照安装在具有独立预埋基础、通过法兰连接专用支撑(立柱)、配有控制机箱的成套气象检测器编制的。由于气象检测器有较高的立柱并承受不同的静荷载和动风载,其基础、法兰及立柱尺寸、防腐方法和涂层质量在不同的路段有不同的要求,所以实测项目的规定值有许多“符合设计要求”,对这部分项目在实际检评时要认真核对设计文件。实测项目有13项,6个关键项目,温度可推定是否结冰、能见度直接影响安全视距。绝缘电阻在产品标准中规定不小于100MΩ,是指在标准测试条件下的测量值,工程环境下可能会变差,所以在一些行业标准中有规定不小于2MΩ的,编写组曾在广东、湖南、江苏等较潮湿的气候条件下测量大量的公路机电设备的绝缘电阻大部分都在50MΩ以上,除非用了标准中禁止使用的材料(如易吸潮的塑料制品)作绝缘端子。考虑到机电工程检评一般在现场实施,绝缘电阻为50MΩ。

2.3 闭路电视监视系统

2.3.1 基本要求

与车辆检测器相比，闭路电视系统外场摄像机为了视野要求，其安装高度一般都比较高，对其防雷措施要求很严格，因此防雷作为基本要求。

2.3.2　实测项目

闭路电视系统是监控系统中重要的也是比较复杂的一类设备，除了机械安装外还有安全保护、防雷措施、图像传输质量、控制数据传输性能、电视图像质量等技术指标都很重要。本标准中的安装质量主要结合近几年高速公路建设经验制定，图像传输质量主要依据原广电部标准《有线电视系统测量方法》(GY/T 121—1995)、《有线电视接收机变换器入网技术条件和测量方法》(GY/T 125—1992)、《卫星数字电视上行站通用规范》(GY/T 146—2000)、《卫星数字电视接收机技术要求》(GY/T 148—2000)、国家标准 GB 50198—1994《民用闭路电视监视系统工程技术规范》、GB 9379《电视广播接收机主观试验评价方法》等制定。

近几年有些高速公路尝试用数字压缩技术通过 SDH 传送模拟图像，但实测指标并不理想，特别是频率响应指标大部分不合格，主要原因是为了降低成本用了较便宜的芯片，编解码设备不过关所致。本标准用较多客观指标来规范图像传输质量，目的是建设一套符合标准的、可靠的、通用的图像传输系统，编制依据是基于模拟图像传输的实际情况。但不管是模拟传输还是数字传输，最终要还原为模拟图像，因为现阶段图像监视器大部分是模拟的，本标准规定的通道传输指标与传输设备无关，都应满足，才能判为合格。

2.4　可变标志

2.4.1　基本要求

本标准中可变标志包括：可变限速标志、可变信息标志，匝道、隧道、收费站的车道控制标志，交通信号灯等交通信息提供装置，基本要求项目较多。

2.4.2　实测项目

可变标志是监控系统信息提供设备之一。随着交通建设的深入，为了规范建设市场提高工程质量，交通部组织编写了可变限速标志、可变信息标志，匝道、隧道、收费站的车道控制标志等系列行业或国家标准，为本标准的编写提供了依据。由于大部分是新标准，工程建设者并不十分熟悉这些标准的内容，在本标准中除了安装指标外还对产品的主要指标作了规定，目的是进一步加强这类涉及行车安全类标准的执行力度。实测项目中的前 7 款主要规定的是安装质量，门架或悬臂安装的结构安全是重点，检评时对立柱及辅助支撑、基础、地脚的结构尺寸、材料规格要严格检查。除此之外，钢构件的防腐涂层质量也作为关键项目予以规定，是因为可变标志自身重量较重，具有较大的外观尺寸而会受到较大的活动风载，一旦防腐涂层受损，金属腐蚀速度加快，势必破坏支撑系统的结构稳定性，影响安全。防腐涂层质量有设计要求的按设计要求进行，无设计要求的按国标 GB/T 18226《高速公路交通工程设施钢构件防腐技术条件》执行。

实测项目中视认距离是可变标志最重要的指标,检评时可按照交通行业标准 JT/T 431《高速公路 LED 可变信息标志技术条件》有关章节评定,评定时注意在白天屏幕接受最大照度的照射时的视认性能和夜晚是否产生眩光。发光亮度和色度坐标,是两个客观指标可用非接触式亮度计测量。其它实测项目主要是设备的数据传输性能、安全保护、立柱的安装竖直度等。

2.5 光、电缆线路

监控系统的光电缆线路主要指中心(站)到附近的外场监控设备的供电电缆、控制信号电缆、传输光缆、同轴缆、音频电缆或综合缆等,一般由监控系统承包商负责施工完成,不包括对远程设备的控制线路,对于远程设备的控制一般借助中央隔离带下通信管道,通过传输系统实现,这部分内容属于通信分部工程的范围。

公路机电系统目前已很少使用充气型光电缆,本标准以全塑和填充型光电缆为主。

2.5.1 基本要求

光电缆施工质量的基本要求是:使用的规格、程式、数量要符合设计要求,施工路由、占用孔位正确,对于直埋电缆要设置符合要求的电缆标石以便于维护;光电缆的接续和接地要按照有关施工规范,由持证上岗的熟练技术工人完成。近年工程实践中,经常发现工程开通时,外场设备还能接受监控中心的控制,往往一场大雨过后就失灵的现象。究其原因大部分发生在光电缆接续处理工艺不合要求,导致接头受潮或进水。经过培训的电信、铁路、通信工程兵等施工队伍,很少发生光电缆接续质量问题,监理或业主检评时应对施工队伍的持证情况进行适当要求,目的是提高施工队伍技术素质,保证质量。

2.5.2 实测项目

监控系统的光电缆分项工程实测项目共 8 项,主要围绕接续质量。光缆接头损耗反映光纤熔接质量,绝缘电阻反映了接头密封措施是否得当,低速误码率反映了整体传输性能。

在实际检评时,先分清承包单位,属于通信承包商的可纳入通信分部工程统一考虑,剩余的纳入监控分部工程。之后,按电缆类型和条数统计抽样总体,按 3.2.1 确定检查频率,对于多芯缆,3 芯(对)以下的全检,3 芯(对)以上的抽检 30%,但不少于 3 芯(对)。

事实上,公路光电缆线路的建设中有许多技术问题待探讨,如埋设深度、与其它建筑物的间距、穿越桥梁的防护、防蚁防蚀、防雷接地等都会影响到光电缆线路的建设质量,由于目前公路机电工程的设计规范和施工规范还没有颁布,工程检评时遇到此类问题可参照铁路或通信行业标准执行。

实测项目中的同轴电缆内外导体绝缘电阻和电力电缆绝缘电阻单位本应为 MΩ·km,由于监控系统的光电缆线路相对较短,为了测量方便,此处的值是指端到端整条电缆的绝缘电阻,即兆欧表的示值,不需要再进行长度换算。其它说明见 5.1 节。

2.5.3 外观鉴定

在检查公路机电工程时，打开人手孔、配电箱、监控中心光电缆引上井或防静电底板下，经常看到线缆杂乱无序、标示不清、人手孔内积满了水的现象。直接后果是：一造成信号相互干扰，甚至发生触电事故，二不利于排查故障，增加维护成本。本条规定的内容也是光电缆工程质量的基本要求，是为了避免上述隐患而提出的。

1）对使用多股软线和 $4mm^2$ 以上的硬线电力电缆尾端联接与接续应使用专用连接器并用热塑套管封合，每根线缆都应进行标记。

2）同轴电缆成端应使用焊接方式主要考虑接续稳固、减小信号反射。

3）直埋电缆两端铠装层接地是一种有效的防雷措施，一定要按施工规范要求进行接地处理。一般来讲，电缆及光电综合缆线路每隔一定距离都会将金属护套、铠装层进行接地，并不仅仅在线缆两端接地，通常是 4km 要作一处防雷系统接地，本标准主要是按在公路监控中心附近的外场设备编写的。当有长距离供电或信号传输时，应按设计要求进行抽查或查验隐蔽工程记录。

2.6　监控中心设备安装及软件调测

监控中心设备本应包括大屏幕投影和地图板，但考虑后两者投资较大又相对自成体系，由不同的生产商供货安装，所以分别单独列为一个分项工程。监控中心设备主要是计算机及其外围设备。与其它分项工程不同的是除了设备安装外，监控应用软件则反映了整个监控系统工程建设的成果，仅有好的硬件设施，软件不能正常运行，很多硬件不受控制，不能说该监控工程是合格的。

2.6.1　基本要求

基本要求实际上包括三部分内容：机房条件、监控设备和应用软件。机房条件一般不属于监控承包商的工作范围，但机房条件对监控中心设备及软件能否正常运行影响极大，除了对设备的影响外，还对负责安全监控任务的工作人员的心理和生理产生影响，如温度过冷或过热会影响人的工作效率和决策能力，将机房条件纳入监控系统是提醒建设者对此给予充分重视。安全工作无小事。监控承包商有义务对基础条件在设备和软件安装前进行条件符合性测试和记录，对不符合项按标准和设计要求提出整改建议，并通知监理、建设单位。对设备的基本要求首先是各设备的型号、规格、数量等符合设计要求，其次是设备已经安装到位具备了初步开通的条件，最后提交了齐全的资料。软件的基本要求有 7 项，其中 1、3、5、7 项是最基本的，其它项目可按合同要求酌情增删。

“按国家相关标准要求进行了软件的稳定性、可靠性测试并提供了报告；编制并提供了符合规范的软件手册及相关文档”，相关文档有：

1）GB/T 16680—1996《软件文档管理指南》

2）GB/T 16260—1996《信息技术　软件产品评价　质量特性极其实用指南》

3）GB/T 17544—1998《信息技术　软件包　质量要求和测试》

4）GB/T 15532—1995《计算机单元测试》

5）GB/T 9386—1988《计算机软件测试文件编制规范》。

编写本条的目的主要是应一些工程管理单位的要求,如何提高软件的可靠性、安全性和可维护性。在实际检验中如何测试软件的可靠性、安全性和可维护性,还是一个问题。目前国际上也没有一个通用公认的标准,对软件的测试也只能凭经验和对功能的了解程度评价。所以本部分主要以功能验证为主。

2.6.2 实测项目

实测项目也是围绕机房条件、监控设备安装与连接和应用软件三部分要求编写的。监控中心设备是经常与人接触的,并且大部分设备是由220V交流直接供电,安全防护很重要。一般的监控中心都做联合接地,但有的中心在设备调试时出现了消除不掉的干扰,通过试验再独立做一套工作地或屏蔽地后,干扰有可能被消除。对于这种情况或没有联合接地的要单独检测工作地、保护地和防雷地。

监控软件的实测项目主要是系统的信息采集、信息处理、信息提供功能和自检功能,采用的方法是实际操作验证,在检评时向具体操作人员征询意见,可以得到更真实的有关软件或系统存在的问题,以便作到有的放矢验证,提高检验效率。

2.7 大屏幕投影系统

2.7.1 基本要求

大屏幕投影系统是监控(分)中心的显示设备,基本要求首先是各设备符合设计要求,其次是设备的安装质量,最后要求提交的资料齐全。

2.7.2 实测项目

为了扩大显示面积、增加显示内容、以更好的人机界面体现监控效果,有时用多台投影仪和多块屏幕拼接成一张更大屏幕。屏幕之间的拼接缝隙不应过大。

在一些宣传或技术资料中经常看到用×××ANSI流明来描述屏幕的亮度,这是不科学的、非规范的描述单位。流明是光通量的单位,是描述光源光出射强度大小的,可用来表征投影仪投射镜头的光通量,但是实际测量时很少有光通量测量仪,通常用光强(符号I,单位cd)测量仪间接获得光源的光通量。投影仪光通量大并不表示屏幕上的图像就一定明亮,还与投射距离有关。在光计量领域一般用照度(符号E,单位lx)或亮度(符号L,单位cd/m^2)表征非主动发光显示屏幕的明亮程度,按公式$E = I/d^2$,通过照度可反推投影仪的出射光通量。本标准中用亮度$150cd/m^2$指标是在统计近几年招投标文件和在监控中心非主动发光大屏幕上的亮度测量值基础上,结合主观评定给出的暂定值。检评时可依据合同商定其它值。

大屏幕投影系统的首要功能是能清晰地以图像方式显示各种静态信息和动态信息,窗口缩放和多视窗显示是大屏幕投影灵活、方便的显著特点,对选定的显示内容可放大或缩小,将多种交通路况信息以多视窗的形式显示在同一屏幕上。

2.8 地图板显示系统

地图板显示系统也是监控(分)中心的显示设备,质量控制要点是地图板的尺寸、安装的垂直度和平整度以及安装后的功能和显示效果。地图板是一种大型的信息提供装置,其机箱内部的显示元件、控制部件、各种布线等较复杂,一般在现场施工组装调试,对个别组装部件的质量保证资料如材质检验证明等进行检查是必要的,以防止以次充好。

2.9 监控系统计算机网络

本节主要是应一些工程管理单位“如何提高计算机网络的可靠性、安全性和可维护性”的要求编写。在实际检验中如何测试网络的性能,目前国际上也没有一个通用公认的标准。

2.9.1 基本要求

设备的数量、型号、规格以及网络线的质量符合设计要求。

2.9.2 对网络的实测项目

网线及其布线质量、网络传输性能等硬件指标是有标准可测的,但是网络维护性测试、健康测试指标只是定性测试,作为对比、查找故障是有效的。近两年已经有了 RC2544 标准和相应的网络测试设备,能定量地评价网络的性能,主要指标有 6 项:

(1) 网络吞吐量;

(2) 时延;

(3) 帧丢失率;

(4) 背对背帧处理;

(5) 置位恢复速率;

(6) 系统恢复速率。

但是一个网络的具体指标值是多少,并没有统一标准。本标准列出这些项目以突出客观检测,主要是为修订标准积累资料。

3 通信设施

3.1 通信管道与光电缆线路

通信管道与光电缆线路是公路通信系统的主要传输媒介与神经,是通信系统运行的基础。这几年混凝土管孔已不多见,取而代之的是塑料管道,特别是高密度聚乙烯硅芯塑料管的应用,极大地提高了穿缆效率,降低了管道的投资成本,应用也越来越广泛,本标准提出的指标和方法主要是基于塑料管的。

3.1.1 基本要求

围绕三部分内容编写,一是基本材料包括:管道材料如塑料管、管箱、钢管、混凝土管块、人(手)孔圈,光电缆材料等符合要求;二是施工工艺要符合规范;三是质量保证资料齐全有效。

3.1.2 实测项目

各种损耗指标反映了整个线路的施工质量,绝缘电阻反映了施工过程中是否损坏了电缆外护层。主要参照的规范有:通信行业标准 YD5103—2003《通信管道工程施工及验收技术规范》、YD5025—96《长途通信光缆塑料管道工程设计暂行技术规定》、铁路行业标准 TB10026—2000《铁路光(电)缆传输工程设计规范》等。

本标准低速误码率反映信号线、音频线的整体传输性能,是基于不管传输中间环节多么复杂、施工质量如何好,最终要体现在线路端到端的传输质量上。测量时将一对线路的一端环接,另一端接在数据通信分析仪的发送和接收端,设置分析仪的相关参数进行测量,每对测量 15min。

用后向散射法(OTDR)测量每个接续点两个方向的接头损耗值(a_i, b_i),($a_i + b_i$)/2 即该接头的接续损耗,每根光纤的接头损耗平均值为:

$$a = [\Sigma(a_i + b_i)/2]/n \quad (\mathrm{dB})$$

式中:a_i——某点从 $A \rightarrow B$ 方向测得的接头损耗测量值;

b_i——某点从 $B \rightarrow A$ 方向测得的接头损耗测量值;

n——OTDR 在光缆中继段上实际测到的被测光纤接头数。

实际上,光纤接续特性除了光纤线路衰减和接续损耗外,还有许多指标,如最大离散反射系数和 S 点最小回波损耗。有条件时可用 OTDR 和回波损耗测试仪分别测试。

光电缆的绝缘电阻随着长度的增加而变小,其单位应是 MΩ·km,而不是 MΩ/km,这一点务请注意。测量时先用兆欧表测得光电缆芯线的绝缘电阻,用乘以该光缆长度(换算到

km)后的计算值与标准值进行比较,若不小于标准值则合格,否则不合格。

本标准没有考虑充气型光电缆的应用,工程中如有此类情况,可参照《铁路通信工程质量检验评定标准》(TB 10418—2000)4.1.5 条执行。

3.2　光纤数字传输系统

目前高速公路的主干线光纤数字传输系统已完成了 PDH 向 SDH 的过渡,早期设计建设的部分路段也大部分完成了设备更新,2M 以下业务还有部分路段沿用 PDH 的接口或线路,主要是程控交换和通过音频链路传送控制数据。SDH 的最高速率等级大部分路段使用 STM - 4,有少部分路段尝试传送图像业务,已发展到 STM - 16。

3.2.1　基本要求

设备的型号规格、数量要符合设计或合同要求;设备安装及布线连接质量基本具备开通条件;提交的资料齐全。

3.2.2　实测项目

目前阶段，公路光纤数字传输系统作为接入型的传输网，其传输性能主要由误码、抖动、漂移部分损伤技术指标来确定。按照实际测试经验，只要误码性能要求能得到满足，抖动和漂移性能一般也能符合要求，所以 SDH 的传输质量主要考虑误码性能。本标准是用 2M 支路口来反映整个传输系统的误码指标，测试时也应遵循这一原则，该指标主要参考铁路行业标准 TB10219—99 制定，传送距离按 50 km 考虑，并且比施工验收严格 10 倍。其它传输指标参照通信行业标准 YD/T 5095—2000《同步数字系列（SDH）长途光缆传输工程设计规范》制定。一些网管指标作为功能测试项。制定该条款时考虑了目前工程中测试仪器设备的配置情况，有些难以测量或测量成本很高并且意义不大的指标没有列入。

主要指标的制定依据说明如下：

1. 比特容差

见表 3-1。

表 3-1　YD/T5095—2000 关于电接口比特容差的规定

标称比特率(kbit/s)	比特率容差(ppm)	码　型
2 048	± 50	HDB3
34 368	± 20	HDB3
139 264	± 15	CMI
155 520	± 20	CMI

2. YD/T5095—2000 关于误码性能的规定

1）SDH 网络全程端到端 27 500km 假设参考通道的误码性能指标符合表 3-2。

表 3-2　全程端到端误码性能指标

速率(kbit/s)	2 048	34 368/44 736	139 264/155 520	622 080	2 488 320
ESR	0.04	0.075	0.16	待定	待定
SESR	0.002	0.002	0.002	0.002	0.002
BBER	2×10^{-4}	2×10^{-4}	2×10^{-4}	1×10^{-4}	1×10^{-4}

2）6 800km 数字通道的误码性能(长期系统指标)应不劣于表 3-3 的指标(测试时间不少于 1 个月)。

表 3-3　6 800km 数字通道的误码性能(长期系统指标)

速率(kbit/s)	2 048	34 368/44 736	139 264/155 520	622 080	2 488 320
ESR	1.63E-3	3.06E-3	6.53E-3	待定	待定
SESR	8.16E-5	8.16E-5	8.16E-5	8.16E-5	8.16E-5
BBER	8.16E-6	8.16E-6	8.16E-6	4.08E-6	4.08E-6

3）实际通道误码应按表 3-3 指标乘以实际通道长度与 6800km 之比进行计算。

4）420km 假设参考数字段误码性能(长期系统指标)应不劣于表 3-4 的指标(测试时间不少于 1 个月)。

表 3-4　420km 假设数字段的误码性能(长期系统指标)

速率(kbit/s)	2 048	34 368/44 736	139 264/155 520	622 080	2 488 320
ESR	2.02E-5	3.78E-5	8.06E-5	待定	待定
SESR	1.01E-6	1.01E-6	1.01E-6	1.01E-6	1.01E-6
BBER	1.01E-7	1.01E-7	1.01E-7	5.04E-8	5.04E-8

5）实际数字段误码应按表 3-4 指标乘以实际数字段长度与 420km 之比进行计算,实际数字段长度小于 30km 的应按 30km 计算。

6）6 800km 数字通道的误码性能(短期系统指标)应不劣于表 3-5 的指标(测试时间不少于 24h)。

表 3-5　6800km 数字通道段的误码性能(短期系统指标)

速率(kbit/s)	2 048			34 368/44 736			139 264/155 520			622 080			2 488 320		
	S1	S2	$BISPO_7$	S1	S2	$BISPO_7$	S1	S2	$BISPO_7$	S1	S2	$BISPO_7$	S1	S2	$BISPO_7$
ES	43	74	411	89	131	771	204	266	1645	*	*	*	*	*	*
SES	0	6	21	0	6	21	0	6	21	0	6	21	0	6	21

注:表中 * 值待定。

7）工程数字段的误码性能(短期系统指标)应不劣于表 3-6 的指标(测试时间不少于

24h)。

表 3-6　工程数字段的误码性能(短期系统指标)

速率(kbit/s)	2 048			34 368/44 736			139 264/155 520			622 080			2 488 320		
	S1	S2	$BISPO_7$	S1	S2	$BISPO_7$	S1	S2	$BISPO_7$	S1	S2	$BISPO_7$	S1	S2	$BISPO_7$
ES	0	1	N_A	0	1	N_A	0	2	5	*	*	*	*	*	*
SES	0	1	N_A	0	1	N_A	0	1	0	0	1	0	0	1	0

注:表中 * 值待定,N_A 表示不适用。

3. YD/T5095 - 2000 关于抖动性能

1) SDH 网络接口抖动性能

a. SDH 网络接口允许的最大输出抖动(滤波器频率响应按 20 dB/10 倍频程滚降,低频部分按 - 60dB/10 倍频程滚降,测试时间为 60s)

(1) SDH 网络输出口的最大允许输出抖动,应不超过表 3-7 中规定的数值。

(2) 数字段输出口的最大允许输出抖动,应不超过表 3-7 括号中数值。

表 3-7　SDH 网络输出口的最大允许输出抖动

速率(kbit/s)	网络接口限值		测量滤波器参数		
	B1 UI_{p-p}	B2 UI_{p-p}	f_1 (Hz)	f_3 (kHz)	f_4 (MHz)
	$F_1 \sim f_4$	$f_3 \sim f_4$			
STM - 1(电)	1.5(0.75)	0.075(0.075)	500	65	1.3
STM - 1(光)	1.5(0.75)	0.15(0.15)	500	65	1.3
STM - 4(光)	1.5(0.75)	0.15(0.15)	1000	250	5
STM - 16(光)	1.5(0.75)	0.15(0.15)	5000	1000	20

注:STM - 1 1UI = 6.43ns, STM - 4 1UI = 1.61ns, STM - 16 1UI = 0.402ns。

b. SDH 设备 STM - N 输入口的抖动和漂移容限

SDH 设备 STM - N 输入口允许的正弦调制输入抖动和漂移,应符合图 3-1 和表 3-8 规定的要求。

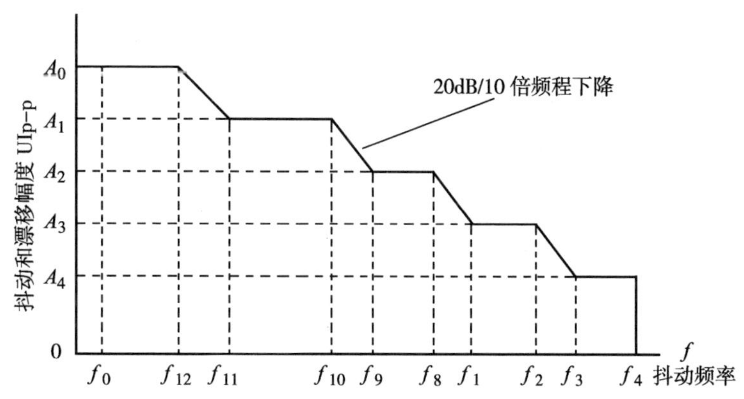

图 3-1　SDH 设备 STM - N 输入口输入抖动和漂移容限

表 3-8　SDH 设备 STM－N 输入口输入抖动和漂移容限的参数

STM 等级	抖动幅度(UI_{p-p})					频　率									
	A_0 (18us)	A_1 (2us)	A_2 (0.25us)	A_3	A_4	f_0 (Hz)	f_{12} (Hz)	f_{11} (Hz)	f_{10} (Hz)	f_9 (Hz)	f_8 (Hz)	f_1 (Hz)	f_2 (kHz)	f_3 (kHz)	f_4 (MHz)
STM－1 (光)	2800	311	39	1.5	0.15	1.2E－5	1.78E－4	1.6E－3	1.56E－2	0.125	19.3	500	6.5	65	1.3
STM－1 (电)	2800	311	39	1.5	0.075	1.2E－5	1.78E－4	1.6E－3	1.56E－2	0.125	19.3	500	3.25	65	1.3
STM－4 (光)	11200	1244	156	1.5	0.15	1.2E－5	1.78E－4	1.6E－3	1.56E－2	0.125	9.65	1000	25	250	5
STM－16 (光)	44790	4977	622	1.5	0.15	1.2E－5	1.78E－4	1.6E－3	1.56E－2	0.125	12.1	5000	100	1000	20

2)PDH/SDH 网络边界的抖动性能

a. 由 SDH 网络传送的 PDH 信号在 PDH/SDH 网络边界,应符合原有 PDH 网络的抖动性能要求。

b. PDH 网络输出口的最大允许输出抖动,应不超过表 3-9 中规定的数值(滤波器频率响应,按 20dB/10 倍频程滚降,测试时间为 60s)。

表 3-9　PDH 输出口的最大允许输出抖动

速率(kbit/s)	网络接口限值		测量滤波器参数		
	B1(UI_{p-p})	B2(UI_{p-p})	f_1 (Hz)	f_3 (kHz)	f_4 (kHz)
	$f_1 \sim f_4$	$f_3 \sim f_4$			
2 048	1.5	0.2	20	18	100
34 368	1.5	0.15	100	10	800
44 736	5.0	0.1	10	30	400
139 264	1.5	0.075	200	10	3 500

c. SDH 设备 PDH 支路输入口的抖动和漂移容限

SDH 设备 PDH 支路输入口允许的正弦调制输入抖动和漂移容限,应符合图 3-2 和表 3-10 规定的要求。

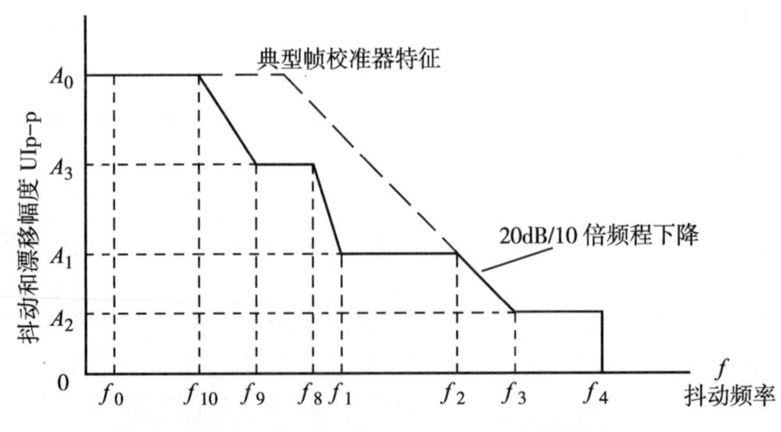

图 3-2　SDH 设备 PDH 支路输入口输入抖动和漂移容限

表 3-10　SDH 设备 PDH 支路输入口输入抖动和漂移容限的参数

速率(kbit/s)	抖动幅度(UI_{p-p})				频率								伪随机测试信号
	A_0 us	A_1 UI	A_2 UI	A_3 us	f_0 (Hz)	f_{10} (Hz)	f_9 (Hz)	f_8 (Hz)	f_1 (Hz)	f_2 (kHz)	f_3 (kHz)	f_4 (kHz)	
2 048	18	1.5	0.2	8.8	1.2E-5	4.88E-3	0.01	1.667	20	2.4	18	100	2E15-1
34 368	4	1.5	0.15	1	0.01	0.032	0.13	4.4	100	1.0	10	800	2E15-1
44 736	18	5.0	0.1	*	*	1.2E-5	*	*	10	0.6	30	400	2E20-1
139 264	4	1.5	0.075	1	0.01	0.032	0.13	2.2	200	0.5	10	3 500	2E23-1

注:(1)表中*待定;

(2)2048kbit/s 速率下 f8,f9,f10 的数值是指不携带同步信号的 2048kbit/s 接口特性;

(3)2048kbit/s 1UI = 488ns,34386kbit/s 1UI = 29.1ns,

44736kbit/s 1UI = 22.4ns,139264it/s 1UI = 7.18 ns。

4. 漂移性能

在 SDH 网络中任何 STM-N 接口上的漂移限值以最大时间间隔误差(MTIE)来规范,应符合表 3-11 的要求。

表 3-11　STM-N 接口上的漂移限值

MTIE(us)	观察时间 τ(s)	MTIE(us)	观察时间 τ(s)
7.5τ	$\tau \leqslant 1/30$	$5\times10^{-3}\tau+2$	$17.5<\tau\leqslant1200$
$0.1\tau+0.25$	$1/30<\tau\leqslant17.5$	$1\times10^{-5}\tau+8$	>1200

3.3　数字程控交换系统

高速公路的程控交换系统相对市话局或长话局要小得多,体现在用户少、线缆对数少,相对来说比较简单,本节是针对较大的管理中心级汇接局编写的,对一些路段的收费站等小容量应用,在工程中常用光纤传输系统的一个远端模块代替交换机,这时的配线架、通信电源、机房、槽道等项目不再适用,在评定时可依据工程情况适当取舍,在检查记录中可填写"不适用",在统计记分时不计入。本标准提出了一些客观指标如障碍率、接通率、处理能力等一是质量保障的长期指标是测量所必须的,二是为了提高人们对公路用机电产品的重视程度。检测中经常发现一些常用设备功能上基本满足要求,用测量仪器实测的指标却不符合标准要求,经过交涉,承包商更换一些板卡再测就能通过。这说明承包单位不是不知道设备存在缺陷,而是存在侥幸心理:公路不是精细的设施,不用精工细作,凑和过去就行。只有客观测量才能反映出机电设施深层的质量问题,保证工程的长期可靠性。

3.4　紧急电话系统

3.4.1　基本要求

紧急电话系统由外场分机和基础、主机和通信线路组成,通信线路的检评内容纳入通信 5.1 通信管道与线路分项工程中,该分项工程的主要施工内容是分机基础施工(包括接地工程和防护栏杆)、分机安装与接线、主分机联调。基本要求是围绕上述施工内容提出的,除了核查设备的型号规格、数量、安装位置、布线的质量外,要对提交的资料进行审查。根据道路路基高度和边坡情况,有的基础可能设有必要的安全防护设施(如栏杆),以防止使用人员跌落下去。检评高路基、陡边坡或桥梁时,应注意根据设计要求增加这部分内容。对提交的资料要特别注意防雷接地的内容,检查是否严格按设计图纸进行了施工,包括对接地体的形状尺寸、埋深、布设位置、与连接线的连接工艺、土壤电阻率、土质处理情况,接地体、连接线的防腐处理措施,实测接地电阻及测量仪器和方法。另外还要对分机的防雷元件和措施进行检查。

3.4.2 实测项目

实测项目主要有:安全保护、话音质量、分机和主机的必要性能。在测量外场分机的声压级时一般在上端主机按标准下发一个音频信号,要注意尽量避开行驶的车辆,减小背景噪声。防雷接地电阻不大于 10Ω 是指维持指标,任何时候都不应高于此值,所以在监督类检评时,除了实测外,还应查验平常的维护测量值。防雷接地电阻大小还与设备内部配置的防雷元件的性能有关,有的设备可能规定为 4Ω。

3.4.3 外观鉴定

在高速公路上经常发现一些紧急电话歪歪扭扭、地脚和其它金属件锈迹斑斑、整个分机破损不堪,除了人为破坏和产品本身质量外,安装处理不当也是主要原因。外观鉴定项目按施工和检查顺序,从下到上,由外到内,进行了较详细的规定。地脚明确规定用热镀锌作防腐处理,是改变一些设计单位对此不明确、施工单位用电镀锌处理的现象。试验和实践都证明电镀锌在室外可用 1 ~ 2 年,而热镀锌地脚可用十几年(当镀层大于 35 微米时)。

近一、二年,太阳能技术开始在紧急电话中使用,显示了极大的优越性,但还没有颁布正式标准,本标准增加了一款有关太阳能紧急电话分机的外观要求,可按合同或设计要求适当增删。

3.5 移动通信系统

公路机电系统的无线移动通信系统主要目的是为了满足巡逻、灾情、事故报告、调度等管理功能,在多数高速公路和公用移动通信覆盖的经济发达地区已不再使用。本分部工程的提出主要为了一些早期建立的网站的改建项目和部分特殊路段。按照国家无线频段资源管理规定,目前有两种公路无线调度通信系统:

一是自建 450MHz 无线调度通信系统,系统由调度总机、中转台、车载台、手持台、天线等设备组成,调度总机设在监控调度中心,中转台设在沿线无人通信站,车载台装在巡逻车上,养护人员配备手持台,可实现调度与移动人员间,移动人员相互间的语音通信。该方案系统组网方便、设备简单、造价较低,且具有交通管理所需的调度功能。

二是可利用无线委员会批给交通部的30对频点，自建800MHz集群移动通信系统。系统由基站设备、无线交换机、天线等组成，基站配置多信道收发信机和控制器，通过中继线与无线交换机连接，无线交换机通过数字中继与程控数字交换机连接。移动用户为车载台和手持台。移动用户间，移动用户与固定用户间均能通信。

根据广东省已经开通的高速公路的管理运营经验，用450MHz无线调度系统即可满足现阶段路政管养和道路监控对无线调度应用的需求。本标准是基于450MHz无线调度系统编制的。

检评时除了按基本要求、实测项目、外观鉴定项目逐项检查外，对铁塔的防雷质量要按即将颁布的行业标准《公路机电工程防雷技术规范》进行检验。

3.6　通信电源

本部分是以较大通信中心的供电电源工程为对象编写，界面从交流配电屏的输入端开始到-48V及通信系统常用的各交直流电源。通信防雷完全按专业标准《通信工程电源系统防雷技术规定》(YD 5078—98)引用，目的是保障防雷安全。一般公路机电工程的监控、通信、收费三大系统都需要备用电源，所以将发电机组统一规并到低压供配电分项工程中。

现代电源技术发展很快，高频开关电源已经广泛使用，它利用电源控制技术和计算机技术，将交流配电单元、直流配电单元、监控单元和整流模块集中于同一机柜上，实现了集中监控整流模块与交直流配电单元的各种参数和状态，非常适合于程控交换机和各种通信设备配套使用。所以在站一级单位通信电源分项工程可能就一个设备，检评时视工程情况，酌情增减。

4 收费设施

公路收费系统中使用的专用机电设备较多,主要有收费亭、电动(手动)栏杆、车道控制器(车道计算机)、收费员显示终端、专用键盘、费额显示器、报警器、车道信号灯、天棚信号灯、车辆检测器、摄像机、收发(打)卡设备等。但是,经过鉴定、定型生产的并不多,如何保证这些产品的长期稳定性还须通过企业自律、社会监理、政府监督多种途径的齐抓共管才能实现。这些产品的行业标准到2003年底已基本完成,本标准中的指标大部分参照行业标准或报批稿中的数据,施工企业应向建设单位、监理、监督单位提交合格的质量检验报告。

4.1 入口车道

入口车道设备一般由车道控制器完成相关的动作或功能。车道控制器接收收费站控制计算机来的时钟、费率和操作权限的数据,完成设备的初始化,接收授权人的控制,自动统计车辆信息和各种操作信息,当与收费站的通信中断时应独立工作,通信恢复时将数据不丢失地上传给站级计算机。

一个合格的安装工程应该是设备安装整齐、到位,连线正确可靠,标识清楚、方便维护。

4.2 出口车道

4.2.1 基本要求

要点是设备的规格、数量;安装位置、布线质量、提交的资料。

4.2.2 实测项目

主要是各种设备的安全防护,其次是电动栏杆起落时间、车辆检测器计数精度,这两项指标是车道设备比较重要的指标。功能测试是目前国内设计收费车道的主要功能。

4.3 收费站设备及软件

4.3.1 基本要求

要点是设备的规格、数量;安装位置、布线质量、提交的资料。

4.3.2 实测项目

收费站计算机系统主要功能:对下不断地轮询本站各车道控制器,对收费车道的收费过程进行管理,对上定时将收费及交通量信息传送至收费中心,并接受其指令、参数下传各车道控制器。

4.4 收费中心设备及软件

收费中心设备及软件的主要功能:接收收费站计算机上传的统计信息并上报到收费中心;接受总中心转发的各种信息,并下传给收费站计算机;整理、统计、存贮、打印所辖收费站上传的数据;通信线路故障时,中心计算机可独立工作。

本节内容也适合分中心。

4.5 IC 卡及发卡编码系统

卡处理时间反映了车道收费效率、服务水平(不含人的因素)。

IC 卡发卡编码系统应能制作设计要求的各种卡,并进行卡的管理(查询、统计、打印等)。

IC 卡包括接触式和非接触式两种。本节提出的要求对这两种都适用,非接触式有一些更复杂的指标,现场测试非常困难。只能凭检验报告和出厂测试来证明,如有疑问可抽样到有资质的实验室复测。

4.6 内部有线对讲与紧急报警系统

内部有线对讲系统主要是单向呼叫功能,收费员之间不能相互通话,主机面板上有带指示灯的分机通话按钮、扬声器的音量控制旋钮,“群呼”按钮和状态指示灯,检评时要注意这些指示数的状态是否正常。

紧急报警系统是由安装在收费亭内的手动/脚踏报警开关和站上的报警警笛组成,可自检并可向 CCTV 系统提供报警输出信号。

4.7 闭路电视监视系统

收费系统的闭路监视系统与监控系统有所不同,监控系统监视的是交通路况,注重是交通安全、道路畅通情况,大都设置在关键路段上;收费系统监视的主要是资金安全,设置位置较多,如收费广场、车道、收费亭内外、财务室。图像传输方式也有区别,监控系统大部分用光缆传输,收费监视分为两级,第一级由收费车道至收费站,由于距离较短,一般用同轴电缆传输,第二级由收费站到收费中心,一般用光缆传输。对于第一级,传输通道相对比较简单,由施工单位组织测试并记录,以判定是否存在质量隐患,对于实测项目的第 8 项可不做测试。对于第二级,监理和监督单位都应重点测试,测试时按通道数量(包括备用通道)抽样。

4.8 光电缆线路

本条主要是收费站到车道的视频传输信号线有多模光缆、单模光缆、同轴电缆,控制信号线,还有220/380V的电源线,传送距离一般小于1km。基本要求的第7款“在收费广场电缆沟内,光电缆不得有接头”时考虑了:

1) 收费广场电缆沟内比较潮湿,且各种管线较多如电力、热力、水等;

2) 收费广场至站内距离较短,施工单位在规划路由和布线时应避免中间接头,而不应为了节省材料将几段尾线连接成一条通路,留下质量隐患。

其它说明见2.5。

4.9 计算机收费软件与网络

4.9.1 计算机软件

计算机应用软件除满足本章的功能测试外,其余同2.9.1。

4.9.2 计算机网络

同本册2.9.2。

5　低压配电设施

按工程界面划分原则，机电工程的配电一般是380V以下的线路。主要向监控、通信、收费中(分)心以及外场设备如CCTV摄像机、可变标志、检测器等提供电力。低压配电分项工程的主要内容有自备发电机组安装与调试、配电室机柜安装、室外配电箱(柜)安装、电缆分歧与封装、电缆铺设与防雷等。在公路配电工程中常见问题是电缆接续或分歧时，密封工艺处理不当，导致绝缘失效，所以对埋设后的电缆做绝缘测试是很重要的。检查时按电缆程式和供电点统计抽样总体，电缆原则上以供电点为单位统计总条数；配电柜以台为单位统计总数。

本章主要参照通信行业标准《通信电源设备安装工程验收规范》(YD5097—99)编写，当设计文件涉及了相关内容时可参照使用。

6 照明设施

公路照明的目的是为司机和行人提供快速、准确及舒适的能见度和视野条件,提高夜间道路安全保障等级。公路照明包括路段、桥梁、广场的路面,隧道照明纳入隧道机电设施。

6.0.1 基本要求

高杆灯灯杆高度一般在20m以上,并承受比较大的荷载,其结构稳定性、电气安全性、防雷等性能显得尤为重要,要求取得国家特种设备安装资质的单位施工。

6.0.2 实测项目

评价照明效果的技术指标有亮度和照度。亮度的定义是:在观察方向上,光源给定点面元的发光强度的面密度,单位是 cd/m^2(坎德拉每平方米)。照度的定义是:入射在一个表面的光通量的面密度,单位是lx(勒克斯)。一般亮度用来表征光源的明亮程度,照度才是用来表征被光源照射表面的亮暗程度的。早期的一些设计文件用亮度指标描述照明效果并不太科学,并且测量也不方便;而用照度指标既科学容易理解,也测量方便,只须用一只价格便宜的的照度计即可实现。

7　隧道机电设施

隧道由于其交通环境不同于一般路段,隧道的通风、照明、消防等也具有其独特性,根据本标准编写大纲的专家评审意见,将其机电设施作为一个分部工程。

7.1　车辆检测器

隧道车辆检测器的用途同路段检测器一样,对其性能要求考虑到隧道环境条件等特点应更高一些。在审查施工企业提交的检验报告时应特别注意。施工质量检测说明同2.1。

7.2　气象检测器

同2.2。

7.3　闭路电视监视系统

隧道内摄像机多用低照度定焦镜头。2.3中的有些控制功能不适用,应予以注意。

7.4　紧急电话系统

隧道内紧急电话应是报警信息的一部分。设备的安装一般是在洞壁预挖的坑洞内,检测时注意设备不应侵入道路界限内。

7.5　环境检测设施

隧道环境检测设施主要指CO检测器、烟雾检测器、照度检测器、风向风速检测器等,它收集的信息影响是否启动通风设施。交通参数检测器、火灾检测器分别归入监控和消防分项工程中。

7.6　报警与诱导设施

本节主要是按发生火灾时现场人员如何报警及如何撤离危险区编写,此处的诱导设施主要是指发生火灾时,引导人员撤离到安全处的机电设施。

7.7 可变标志

隧道内用的可变标志主要是车道信号灯和车辆诱导信号灯。

7.8 通风设施

7.8.1 基本要求

隧道通风一般用射流风机,体积、质量都很大,且安装在行车道的正上方,其安装质量非常主要,一定要核查预埋件的隐蔽工程资料和实测报告。

7.8.2 实测项目

通风设备控制装置的接地电阻和绝缘电阻,通风设备的控制方式功能验证。

7.9 照明设施

7.9.1 基本要求

要点是照明设备的规格、数量;安装位置、质量;各种接线的质量;提交的资料。

7.9.2 实测项目

设备的安全保护、路面照度。照明灯具的控制方式与相应功能验证。

7.10 消防设施

7.10.1 基本要求

要点是消防设备的规格、数量;安装位置、质量;各种接线的质量;提交的资料。

7.10.2 实测项目

各设备的安全保护,用水、用气设施的水压、气压。

功能测试:功能测试首先是能够检测到火灾并启动报警,其次是消防设施(各种灭火器)能够正常工作(自动喷水灭火系统的自动启动,手动灭火设备的灭火功能)。

7.11 本地控制器

隧道控制器的安全防护、密封防潮应是检查重点之一,一方面是靠目测,另一方面要察看检验报告。

7.12 隧道监控中心计算机控制系统

在集中控制的隧道控制模式下,计算机控制系统主要完成以下功能:
1) 能准确及时采集交通流、交通环境和主要交通设施运行状态的各种信息;
2) 能探测和确认交通事件,能监测冬季路面状态;
3) 能对交通事故做出快速响应,迅速准确地提供事故信息;
4) 根据已掌握的信息,迅速作出有针对性的处理和优化控制方案,并立即执行;
5) 有多种信息发布渠道,为用户提供信息服务。
在验收检验时应把握上述几个要点对整个隧道机电系统进行评价。

7.13 隧道监控中心计算机网络

以局域网为主要测试对象编写本节,其内容同 2.9.2。

7.14 低压供配电

本条适用于 220/380V 供电系统,对于高压送配电由专业企业施工和部门验收,暂不纳入交通工程专业范畴。

对于防雷系统的检验,将有新的行业标准予以规定。

附件 2

公路工程质量检验评定标准

第一册　土 建 工 程

（JTG F80/1—2004）

相　关　内　容

1　总则

1.0.1　目的

为了加强公路工程质量管理,统一公路工程质量检验标准和评定标准,保证工程质量,制定本标准。

1.0.2　适用范围

本标准适用于四级及四级以上公路新建、改建工程的质量检验评定,其环保、机电工程部分按相应具体规定执行。

本标准适用于公路工程施工单位、工程监理单位、建设单位、质量检测机构和质量监督部门对公路工程质量的管理、监控和检验评定。

1.0.3　与相关规范关系

公路工程质量检验评定应以本标准为准。质量标准与其他规范不一致时,宜以颁布年份最新者为准。

在公路施工、质量管理和工程质量检验评定中,除应符合本标准外,尚应符合现行国家、交通部颁布的相关规范的规定。

1.0.4　特殊工程

对特大桥梁、特长隧道、特殊地区,或采用新材料、新结构、新工艺的工程,在本标准中缺乏适宜的技术规定时,在确保工程质量的前提下,可参照相关标准或按照实际情况制定相应的技术标准,并按规定报主管部门批准。

2 术语

2.0.1 检验 inspection

对检验项目中的性能进行量测、检查、试验等,并将结果与标准规定要求进行比较,以确定每项性能是否合格所进行的活动。

2.0.2 评定 evaluation

依据检验结果对工程质量进行评分并确定其等级的活动。

2.0.3 关键项目 dominant item

分项工程中对安全、卫生、环境保护和公众利益起决定性作用的实测项目。

2.0.4 一般项目 general item

分项工程中除关键项目以外的实测项目。

2.0.5 外观(质量) quality of appearance

通过观察和必要的量测所反映的工程外在质量。

2.0.6 权值 weight number

对工程项目或检测指标根据其重要程度所赋予的数值。

3　工程质量评定

3.1　一般规定

3.1.1　根据建设任务、施工管理和质量检验评定的需要，应在施工准备阶段按本标准附录A将建设项目划分为单位工程、分部工程和分项工程。施工单位、工程监理单位和建设单位应按相同的工程项目划分进行工程质量的监控和管理。

1　单位工程

在建设项目中，根据签订的合同，具有独立施工条件的工程。

2　分部工程

在单位工程中，应按结构部位、路段长度及施工特点或施工任务划分为若干个分部工程。

3　分项工程

在分部工程中，应按不同的施工方法、材料、工序及路段长度等划分为若干个分项工程。

3.1.2　工程质量检验评分以分项工程为单元，采用100分制进行。在分项工程评分的基础上，逐级计算各相应分部工程、单位工程、合同段和建设项目评分值。

3.1.3　工程质量评定等级分为合格与不合格，应按分项、分部、单位工程、合同段和建设项目逐级评定。

3.1.4　施工单位应对各分项工程按本标准所列基本要求、实测项目和外观鉴定进行自检，按附录J中“分项工程质量检验评定表”及相关施工技术规范提交真实、完整的自检资料，对工程质量进行自我评定。

工程监理单位应按规定要求对工程质量进行独立抽检，对施工单位检评资料进行签认，对工程质量进行评定。

建设单位根据对工程质量的检查及平时掌握的情况，对工程监理单位所做的工程质量评分及等级进行审定。

质量监督部门、质量检测机构可依据本标准对公路工程质量进行检测评定。

3.2　工程质量评分

3.2.1　分项工程质量评分

分项工程质量检验内容包括基本要求、实测项目、外观鉴定和质量保证资料四个部分。只有在其使用的原材料、半成品、成品及施工工艺符合基本要求的规定,且无严重外观缺陷和质量保证资料真实并基本齐全时,才能对分项工程质量进行检验评定。

涉及结构安全和使用功能的重要实测项目为关键项目(在文中以"Δ"标识),其合格率不得低于90%(属于工厂加工制造的桥梁金属构件不低于95%,机电工程为100%),且检测值不得超过规定极值,否则必须进行返工处理。

实测项目的规定极值是指任一单个检测值都不能突破的极限值,不符合要求时该实测项目为不合格。

采用附录B至附录I所列方法进行评定的关键项目,不符合要求时则该分项工程评为不合格。

分项工程的评分值满分为100分,按实测项目采用加权平均法计算。存在外观缺陷或资料不全时,应予减分。

$$分项工程得分 = \frac{\sum[检查项目得分 \times 权值]}{\sum 检查项目权值}$$

$$分项工程评分值 = 分项工程得分 - 外观缺陷减分 - 资料不全减分$$

(1) 基本要求检查

分项工程所列基本要求,对施工质量优劣具有关键作用,应按基本要求对工程进行认真检查。经检查不符合基本要求规定时,不得进行工程质量的检验和评定。

(2) 实测项目计分

对规定检查项目采用现场抽样方法,按照规定频率和下列计分方法对分项工程的施工质量直接进行检测计分。

检查项目除按数理统计方法评定的项目以外,均应按单点(组)测定值是否符合标准要求进行评定,并按合格率计分。

$$检查项目合格率 = \frac{检查合格的点(组)数}{该检查项目的全部检查点(组)数} \times 100\%$$

$$检查项目得分 = 检查项目合格率 \times 100$$

(3) 外观缺陷减分

对工程外表状况应逐项进行全面检查,如发现外观缺陷,应进行减分。对于较严重的外观缺陷,施工单位须采取措施进行整修处理。

(4) 资料不全减分

分项工程的施工资料和图表残缺,缺乏最基本的数据,或有伪造涂改者,不予检验和评定。资料不全者应予减分,减分幅度可按本标准3.2.4条所列各款逐款检查,视资料不全情况,每款减1~3分。

3.2.2 分部工程和单位工程质量评分

附录A所列分项工程和分部工程区分为一般工程和主要(主体)工程,分别给以1和2的权值。进行分部工程和单位工程评分时,采用加权平均值计算法确定相应的评分值。

$$分部(单位)工程评分值=\frac{\sum[分项(分部)工程评分值\times 相应权值]}{\sum 分项(分部)工程权值}$$

3.2.3　合同段和建设项目工程质量评分

合同段和建设项目工程质量评分值按《公路工程竣(交)工验收办法》计算。

3.2.4　质量保证资料

施工单位应有完整的施工原始记录、试验数据、分项工程自查数据等质量保证资料，并进行整理分析，负责提交齐全、真实和系统的施工资料和图表。工程监理单位负责提交齐全、真实和系统的监理资料。质量保证资料应包括以下六个方面：

(1) 所用原材料、半成品和成品质量检验结果；

(2) 材料配比、拌和加工控制检验和试验数据；

(3) 地基处理、隐蔽工程施工记录和大桥、隧道施工监控资料；

(4) 各项质量控制指标的试验记录和质量检验汇总图表；

(5) 施工过程中遇到的非正常情况记录及其对工程质量影响分析；

(6) 施工过程中如发生质量事故，经处理补救后，达到设计要求的认可证明文件。

3.3　工程质量等级评定

3.3.1　分项工程质量等级评定

分项工程评分值不小于75分者为合格，小于75分者为不合格；机电工程、属于工厂加工制造的桥梁金属构件不小于90分者为合格，小于90分者为不合格。

评定为不合格的分项工程，经加固、补强或返工、调测，满足设计要求后，可以重新评定其质量等级，但计算分部工程评分值时按其复评分值的90%计算。

3.3.2　分部工程质量等级评定

所属各分项工程全部合格，则该分部工程评为合格；所属任一分项工程不合格，则该分部工程为不合格。

3.3.3　单位工程质量等级评定

所属各分部工程全部合格，则该单位工程评为合格；所属任一分部工程不合格，则该单位工程为不合格。

3.3.4　合同段和建设项目质量等级评定

合同段和建设项目所含单位工程全部合格，其工程质量等级为合格；所属任一单位工程不合格，则合同段和建设项目为不合格。

附录 A 单位、分部及分项工程的划分

附表 A-1 一般建设项目的工程划分

单位工程	分部工程	分项工程
路基工程(每10km或每标段)	路基土石方工程*[①](1~3km路段)[②]	土方路基*,石方路基*,软土地基*,土工合成材料处治层*等
	排水工程(1~3km路段)	管节预制,管道基础及管节安装*,检查(雨水)井砌筑*,土沟,浆砌排水沟*,盲沟,跌水,急流槽*,水簸箕,排水泵站等
	小桥及符合小桥标准的通道*,人行天桥,渡槽(每座)	基础及下部构造*,上部构造预制、安装或浇筑*,桥面*,栏杆,人行道等
	涵洞、通道(1~3km路段)	基础及下部构造*,主要构件预制、安装或浇筑*,填土,总体等
	砌筑防护工程(1~3km路段)	挡土墙*,墙背填土,抗滑桩*,锚喷防护*,锥、护坡,导流工程,石笼防护等
	大型挡土墙*,组合式挡土墙*(每处)	基础*,墙身*,墙背填土,构件预制*,构件安装*,筋带,锚杆、拉杆,总体*等
路面工程(每10km或每标段)	路面工程(1~3km路段)*	底基层,基层*,面层*,垫层,联结层,路缘石,人行道,路肩,路面边缘排水系统等
桥梁工程[③](特大、大、中桥)	基础及下部构造*(每桥或每墩、台)	扩大基础,桩基*,地下连续墙*,承台,沉井*,桩的制作*,钢筋加工及安装,墩台身(砌体)浇筑*,墩台身安装,墩台帽*,组合桥台*,台背填土,支座垫石和挡块等
	上部构造预制和安装*	主要构件预制*,其他构件预制,钢筋加工及安装,预应力筋的加工和张拉*,梁板安装,悬臂拼装*,顶推施工梁*,拱圈节段预制,拱的安装,转体施工拱*,劲性骨架拱肋安装*,钢管拱肋制作*,钢管拱肋安装*,吊杆制作和安装*,钢梁制作*,钢梁安装,钢梁防护*等
	上部构造现场浇筑*	钢筋加工及安装,预应力筋的加工和张拉*,主要构件浇筑*,其他构件浇筑,悬臂浇筑*,劲性骨架混凝土拱*,钢管混凝土拱*等
	总体、桥面系和附属工程	桥梁总体*,钢筋加工及安装,桥面防水层施工,桥面铺装*,钢桥面铺装*,支座安装,搭板,伸缩缝安装,大型伸缩缝安装*,栏杆安装,混凝土护栏,人行道铺设,灯柱安装等
	防护工程	护坡,护岸*[④],导流工程*,石笼防护,砌石工程等
	引道工程	路基*,路面*,挡土墙*,小桥*,涵洞*,护栏等

续上表

单位工程	分部工程	分项工程
互通立交工程	桥梁工程*(每座)	桥梁总体,基础及下部构造*,上部构造预制、安装或浇筑*,支座安装,支座垫石,桥面铺装*,护栏,人行道等
	主线路基路面工程*(1～3km路段)	见路基、路面等分项工程
	匝道工程(每条)	路基*,路面*,通道*,护坡,挡土墙*,护栏等
隧道工程	总体	隧道总体等
	明洞	明洞浇筑,明洞防水层,明洞回填*等
	洞口工程	洞口开挖,洞口边仰坡防护,洞门和翼墙的浇(砌)筑,截水沟、洞口排水沟等
	洞身开挖*	洞身开挖*(分段)等
	洞身衬砌*	(钢纤维)喷射混凝土支护,锚杆支护,钢筋网支护,仰拱,混凝土衬砌*,钢支撑,衬砌钢筋等
	防排水	防水层、止水带、排水沟等
	隧道路面	基层*,面层*等
	装饰	装饰工程
	辅助施工措施	超前锚杆、超前钢管等
环保工程	声屏障(每处)	声屏障
	绿化工程(1～3km路段或每处)	中央分隔带绿化,路侧绿化,互通立交绿化,服务区绿化,取、弃土场绿化等
交通安全设施(每20km或每标段)	标志*(5～10km路段)	标志*
	标线、突起路标(5～10km路段)	标线*,突起路标等
	护栏*、轮廓标(5～10km路段)	波形梁护栏*,缆索护栏*,混凝土护栏*,轮廓标等
	防眩设施(5～10km路段)	防眩板、网等
	隔离栅、防落网(5～10km路段)	隔离栅、防落网等
机电工程	监控设施	车辆检测器,气象检测器,闭路电视监视系统,可变标志,光电缆线路,监控(分)中心设备安装及软件调测,大屏幕投影系统,地图板,计算机监控软件与网络等
	通信设施	通信管道与光电缆线路,光纤数字传输系统,数字程控交换系统,紧急电话系统,无线移动通信系统,通信电源等
	收费设施	入口车道设备,出口车道设备,收费站设备及软件,收费中心设备及软件,IC卡及发卡编码系统,闭路电视监视系统,内部有线对讲及紧急报警系统,收费站内光、电缆及塑料管道,收费系统计算机网络等

续上表

单位工程	分 部 工 程	分 项 工 程
机电工程	低压配电设施	中心(站)内低压配电设备,外场设备电力电缆线路等
	照明设施	照明设施
	隧道机电设施	车辆检测器,气象检测器,闭路电视监视系统,紧急电话系统,环境检测设备,报警与诱导设施,可变标志,通风设施,照明设施,消防设施,本地控制器,隧道监控中心计算机控制系统,隧道监控中心计算机网络,低压供配电等
房屋建筑工程	(按其专业工程质量检验评定标准评定)	

注:①表内标注 * 号者为主要工程,评分时给以 2 的权值;不带 * 号者为一般工程,权值为 1。

②按路段长度划分的分部工程,高速公路、一级公路宜取低值,二级及二级以下公路可取高值。

③斜拉桥和悬索桥可参照附表 A-2 进行划分。

④护岸参照挡土墙。

附表 A-2　特大斜拉桥和悬索桥为主体建设项目的工程划分

单位工程	分 部 工 程	分 项 工 程
塔及辅助、过渡墩(每座)	塔基础*	钢筋加工及安装,扩大基础,桩基*,地下连续墙*,沉井*等
	塔承台*	钢筋加工及安装,双壁钢围堰,封底,承台浇筑*等
	索塔*	索塔*
	辅助墩	钢筋加工,基础,墩台身浇(砌)筑,墩台身安装,墩台帽,盖梁等
	过渡墩	
锚碇	锚碇基础*	钢筋加工及安装,扩大基础,桩基*,地下连续墙*,沉井*,大体积混凝土构件*等
	锚体*	锚固体系制作*,锚固体系安装*,锚碇块体,预应力锚索的张拉与压浆*等
上部构造制作与防护(钢结构)	斜拉索*	斜拉索制作与防护*
	主缆(索股)*	索股和锚头的制作与防护*
	索鞍*	主索鞍和散索鞍制作与防护*
	索夹	索夹制作与防护
	吊索	吊索和锚头制作与防护*等
	加劲梁*	加劲梁段制作*,加劲梁防护*等
上部构造浇筑与安装	悬浇*	梁段浇筑*
	安装*	加劲梁安装*,索鞍安装*,主缆架设*,索夹和吊索安装*等
	工地防护*	工地防护*
	桥面系及附属工程	桥面防水层的施工,桥面铺装,钢桥面板上防水粘结层的洒布,钢桥面板上沥青混凝土铺装*,支座安装*,抗风支座安装,伸缩缝安装,人行道铺设,栏杆安装,防撞护栏等
	桥梁总体	桥梁总体*
引桥	(参见附表 A-1“桥梁工程”)	

续上表

单位工程	分 部 工 程	分 项 工 程
引道	（参见附表 A-1“路基工程”和“路面工程”）	
互通立交工程	（参见附表 A-1“互通立交工程”）	
交通安全设施	（参见附表 A-1“交通安全设施”）	

注：表内标注 * 号者为主要工程，评分时给以 2 的权值；不带 * 号者为一般工程，权值为 1。

附录 J　工程质量检验评定用表

附表 J-1　分项工程质量检验评定表

分项工程名称：　　　　　　　　所属分部工程名称　　　　　　　　所属建设项目：
工程部位：　　　　　　　　　　施工单位：　　　　　　　　　　　监理单位：
（桩号、墩台号、孔号）

基本要求																	
实测项目	项次	检查项目	规定值或允许偏差	实测值或实测偏差值										质量评定			
				1	2	3	4	5	6	7	8	9	10	平均值、代表值	合格率(%)	权值	得分
	合计																
外观鉴定						减分			监理意见								
质量保证资料						减分											
工程质量等级评定						评分：			质量等级：								

检验负责人：　　　　　　检测：　　　　　　记录　　　　　　复核：　　　　　　年　　月　　日

注：机电工程的功能试验检查项目，规定值或允许偏差是指功能或试验要求；实测值或实测偏差是指检查结果，即“通过”或“不通过”。

附表 J-2　分部工程质量检验评定表

分部工程名称：　　　　　　　　　　所属单位工程：

所属建设项目：　　　　　　　　　　工程部位：

（桩号、墩台号、孔号）

施工单位：　　　　　　　　　　　　监理单位：

施工单位	分 项 工 程					备 注
	工程名称	质 量 评 定				
		实得分	权值	加权得分	等级	
	合 计					
质量等级				加权平均分		
评定意见						

检验负责人：　　　　　　　　计算：　　　　复核：　　　　　　　年　月　日

附表 J-3 单位工程质量检验评定表

单位工程名称:　　　　　　　　　　所属建设项目:

路线名称:　　　　　　　　　　　　工程地点、桩号:

施工单位:　　　　　　　　　　　　监理单位:

<table>
<tr><td rowspan="3">施工单位</td><td colspan="5">分 项 工 程</td><td rowspan="3">备 注</td></tr>
<tr><td rowspan="2">工程名称</td><td colspan="4">质 量 评 定</td></tr>
<tr><td>实得分</td><td>权值</td><td>加权得分</td><td>等级</td></tr>
<tr><td rowspan="16"></td><td></td><td></td><td></td><td></td><td></td><td></td></tr>
<tr><td></td><td></td><td></td><td></td><td></td><td></td></tr>
<tr><td></td><td></td><td></td><td></td><td></td><td></td></tr>
<tr><td></td><td></td><td></td><td></td><td></td><td></td></tr>
<tr><td></td><td></td><td></td><td></td><td></td><td></td></tr>
<tr><td></td><td></td><td></td><td></td><td></td><td></td></tr>
<tr><td></td><td></td><td></td><td></td><td></td><td></td></tr>
<tr><td></td><td></td><td></td><td></td><td></td><td></td></tr>
<tr><td></td><td></td><td></td><td></td><td></td><td></td></tr>
<tr><td></td><td></td><td></td><td></td><td></td><td></td></tr>
<tr><td></td><td></td><td></td><td></td><td></td><td></td></tr>
<tr><td></td><td></td><td></td><td></td><td></td><td></td></tr>
<tr><td></td><td></td><td></td><td></td><td></td><td></td></tr>
<tr><td></td><td></td><td></td><td></td><td></td><td></td></tr>
<tr><td></td><td></td><td></td><td></td><td></td><td></td></tr>
<tr><td colspan="2">合 计</td><td></td><td></td><td></td><td></td></tr>
<tr><td>质量等级</td><td colspan="3"></td><td colspan="2">加权平均分</td><td></td></tr>
<tr><td>评定意见</td><td colspan="6"></td></tr>
</table>

检验负责人:　　　　　　　　计算:　　　　复核:　　　　　　　　年　月　日

附表 J-4　建设项目(合同段)质量检验评定表

项目名称：　　　　　　　　路线名称：

起讫桩号：　　　　　　　　完工日期：

<table>
<tr><td rowspan="2">施 工 单 位</td><td colspan="3">单 位 工 程</td><td rowspan="2">备 注</td></tr>
<tr><td>工 程 名 称</td><td>实得分</td><td>投资额</td></tr>
<tr><td></td><td></td><td></td><td></td><td></td></tr>
<tr><td></td><td></td><td></td><td></td><td></td></tr>
<tr><td></td><td></td><td></td><td></td><td></td></tr>
<tr><td></td><td></td><td></td><td></td><td></td></tr>
<tr><td></td><td></td><td></td><td></td><td></td></tr>
<tr><td></td><td></td><td></td><td></td><td></td></tr>
<tr><td></td><td></td><td></td><td></td><td></td></tr>
<tr><td></td><td></td><td></td><td></td><td></td></tr>
<tr><td></td><td></td><td></td><td></td><td></td></tr>
<tr><td></td><td></td><td></td><td></td><td></td></tr>
<tr><td></td><td></td><td></td><td></td><td></td></tr>
<tr><td></td><td></td><td></td><td></td><td></td></tr>
<tr><td></td><td></td><td></td><td></td><td></td></tr>
<tr><td></td><td></td><td></td><td></td><td></td></tr>
<tr><td></td><td></td><td></td><td></td><td></td></tr>
<tr><td></td><td></td><td></td><td></td><td></td></tr>
<tr><td></td><td></td><td></td><td></td><td></td></tr>
<tr><td></td><td></td><td></td><td></td><td></td></tr>
<tr><td>质 量 等 级</td><td></td><td colspan="2">加权平均分</td><td></td></tr>
<tr><td>评 定 意 见</td><td colspan="4"></td></tr>
</table>

检验负责人：　　　　　　　　计算：　　　　复核：　　　　　　　　年　月　日

附表 J-5 ____________ 工程汇总表

工　程	实得分	权值	加权得分	等级	备　注
加权平均分				质量等级	

计算：　　　　　　　　　　复核：　　　　　　　　　　年　月　日

公路工程现行标准、规范、规程、指南一览表

（2017 年 3 月版）

序号	类别		编　号	书名（书号）	定价（元）
1	基础		JTG A02—2013	公路工程行业标准制修订管理导则（10544）	15.00
2			JTG A04—2013	公路工程标准编写导则（10538）	20.00
3			JTJ 002—87	公路工程名词术语（0346）	22.00
4			JTJ 003—86	公路自然区划标准（0348）	16.00
5			JTG B01—2014	★公路工程技术标准（活页夹版，11814）	98.00
6			JTG B01—2014	★公路工程技术标准（平装版，11829）	68.00
7			JTG B02—2013	公路工程抗震规范（11120）	45.00
8			JTG/T B02-01—2008	公路桥梁抗震设计细则（13318）	45.00
9			JTG B03—2006	公路建设项目环境影响评价规范（0927）	26.00
10			JTG B04—2010	公路环境保护设计规范（08473）	28.00
11			JTG B05—2015	★公路项目安全性评价规范（12806）	45.00
12			JTG B05-01—2013	公路护栏安全性能评价标准（10992）	30.00
13			JTG B06—2007	公路工程基本建设项目概算预算编制办法（06903）	26.00
14			JTG/T B06-01—2007	★公路工程概算定额（06901）	110.00
15			JTG/T B06-02—2007	★公路工程预算定额（06902）	138.00
16			JTG/T B06-03—2007	★公路工程机械台班费用定额（06900）	24.00
17			交通部定额站 2009 版	公路工程施工定额（07864）	78.00
18			JTG/T B07-01—2006	公路工程混凝土结构防腐蚀技术规范（13592）	30.00
19			交通部 2007 年第 30 号	国家高速公路网相关标志更换工作实施技术指南（1124）	58.00
20			交通部 2007 年第 35 号	收费公路联网收费技术要求（1126）	62.00
21			交通运输部 2015 年第 40 号	★收费公路联网收费多义性路径识别技术要求（12484）	40.00
22			JTG B10-01—2014	公路电子不停车收费联网运营和服务规范（11566）	30.00
23			交通运输部 2011 年	公路工程项目建设用地指标（09402）	36.00
24	勘测		JTG C10—2007	★公路勘测规范（06570）	28.00
25			JTG/T C10—2007	★公路勘测细则（06572）	42.00
26			JTG C20—2011	公路工程地质勘察规范（09507）	65.00
27			JTG/T C21-01—2005	公路工程地质遥感勘察规范（0839）	17.00
28			JTG/T C21-02—2014	公路工程卫星图像测绘技术规程（11540）	25.00
29			JTG/T C22—2009	公路工程物探规程（1311）	28.00
30			JTG C30—2015	★公路工程水文勘测设计规范（12063）	70.00
31	设计	公路	JTG D20—2006	★公路路线设计规范（0996）	38.00
32			JTG/T D21—2014	公路立体交叉设计细则（11761）	60.00
33			JTG D30—2015	★公路路基设计规范（12147）	98.00
34			JTG/T D31—2008	沙漠地区公路设计与施工指南（1206）	32.00
35			JTG/T D31-02—2013	★公路软土地基路堤设计与施工技术细则（10449）	40.00
36			JTG/T D31-03—2011	★采空区公路设计与施工技术细则（09181）	40.00
37			JTG/T D31-04—2012	多年冻土地区公路设计与施工技术细则（10260）	40.00
38			JTG/T D32—2012	★公路土工合成材料应用技术规范（09908）	42.00
39			JTG D40—2011	★公路水泥混凝土路面设计规范（09463）	40.00
40			JTG D50—2006	★公路沥青路面设计规范（06248）	36.00
41			JTG/T D33—2012	公路排水设计规范（10337）	40.00
42		桥隧	JTG D60—2015	★公路桥涵设计通用规范（12506）	40.00
43			JTG/T D60-01—2004	公路桥梁抗风设计规范（0814）	28.00
44			JTG D61—2005	公路圬工桥涵设计规范（13355）	30.00
45			JTG D62—2004	公路钢筋混凝土及预应力混凝土桥涵设计规范（05052）	48.00
46			JTG D63—2007	公路桥涵地基与基础设计规范（06892）	48.00
47			JTG D64—2015	★公路钢结构桥梁设计规范（12507）	80.00
48			JTG D64-01—2015	公路钢混组合桥梁设计与施工规范（12682）	45.00
49			JTG/T D65-01—2007	公路斜拉桥设计细则（1125）	28.00
50			JTG/T D65-04—2007	公路涵洞设计细则（06628）	26.00
51			JTG/T D65-05—2015	公路悬索桥设计规范（12674）	55.00
52			JTG/T D65-06—2015	公路钢管混凝土拱桥设计规范（12514）	40.00
53			JTG D70—2004	公路隧道设计规范（05180）	50.00
54			JTG/T D70—2010	★公路隧道设计细则（08478）	66.00
55			JTG D70/2—2014	公路隧道设计规范　第二册　交通工程与附属设施（11543）	50.00
56			JTG/T D70/2-01—2014	公路隧道照明设计细则（11541）	35.00
57			JTG/T D70/2-02—2014	公路隧道通风设计细则（11546）	70.00

续上表

序号	类别		编　　号	书名(书号)	定价(元)
58	设计	交通工程	JTG D80—2006	高速公路交通工程及沿线设施设计通用规范(0998)	25.00
59			JTG D81—2006	★公路交通安全设施设计规范(0977)	25.00
60			JTG/T D81—2006	★公路交通安全设施设计细则(12609)	50.00
61			JTG D82—2009	公路交通标志和标线设置规范(07947)	116.00
62		综合	交公路发〔2007〕358 号	公路工程基本建设项目设计文件编制办法(06746)	26.00
63			交公路发〔2007〕358 号	公路工程基本建设项目设计文件图表示例(06770)	600.00
64			交公路发〔2015〕69 号	公路工程特殊结构桥梁项目设计文件编制办法(12455)	30.00
65	检测		JTG E20—2011	公路工程沥青及沥青混合料试验规程(09468)	106.00
66			JTG E30—2005	公路工程水泥及水泥混凝土试验规程(13319)	55.00
67			JTG E40—2007	★公路土工试验规程(06794)	79.00
68			JTG E41—2005	公路工程岩石试验规程(0828)	18.00
69			JTG E42—2005	公路工程集料试验规程(13353)	50.00
70			JTG E50—2006	★公路工程土工合成材料试验规程(0982)	28.00
71			JTG E51—2009	公路工程无机结合料稳定材料试验规程(08046)	48.00
72			JTG E60—2008	公路路基路面现场测试规程(07296)	38.00
73			JTG/T E61—2014	公路路面技术状况自动化检测规程(11830)	25.00
74	施工	公路	JTG F10—2006	公路路基施工技术规范(06221)	40.00
75			JTG/T F20—2015	★公路路面基层施工技术细则(12367)	45.00
76			JTG/T F30—2014	公路水泥混凝土路面施工技术细则(11244)	60.00
77			JTG/T F31—2014	公路水泥混凝土路面再生利用技术细则(11360)	30.00
78			JTG F40—2004	★公路沥青路面施工技术规范(05328)	38.00
79			JTG F41—2008	公路沥青路面再生技术规范(07105)	25.00
80		桥隧	JTG/T F50—2011	★公路桥涵施工技术规范(09224)	110.00
81			JTG/T F81-01—2004	公路工程基桩动测技术规程(0783)	20.00
82			JTG F60—2009	公路隧道施工技术规范(07992)	42.00
83			JTG/T F60—2009	公路隧道施工技术细则(07991)	58.00
84		交通	JTG F71—2006	★公路交通安全设施施工技术规范(0976)	20.00
85			JTG/T F72—2011	公路隧道交通工程与附属设施施工技术规范(09509)	35.00
86	质检安全		JTG F80/1—2004	公路工程质量检验评定标准　第一册　土建工程(05327)	46.00
87			JTG F80/2—2004	公路工程质量检验评定标准　第二册　机电工程(05325)	26.00
88			JTG G10—2016	公路工程施工监理规范(13275)	40.00
89			JTG F90—2015	★公路工程施工安全技术规范(12138)	68.00
90	养护管理		JTG H10—2009	公路养护技术规范(08071)	49.00
91			JTJ 073.1—2001	公路水泥混凝土路面养护技术规范(13658)	20.00
92			JTJ 073.2—2001	公路沥青路面养护技术规范(13677)	20.00
93			JTG H11—2004	公路桥涵养护规范(05025)	30.00
94			JTG H12—2015	公路隧道养护技术规范(12062)	60.00
95			JTG H20—2007	公路技术状况评定标准(13399)	25.00
96			JTG/T H21—2011	★公路桥梁技术状况评定标准(09324)	46.00
97			JTG H30—2015	公路养护安全作业规程(12234)	90.00
98			JTG H40—2002	公路养护工程预算编制导则(0641)	9.00
99	加固设计与施工		JTG/T J21—2011	公路桥梁承载能力检测评定规程(09480)	20.00
100			JTG/T J21-01—2015	公路桥梁荷载试验规程(12751)	40.00
101			JTG/T J22—2008	公路桥梁加固设计规范(07380)	52.00
102			JTG/T J23—2008	公路桥梁加固施工技术规范(07378)	30.00
103	改扩建		JTG/T L11—2014	高速公路改扩建设计细则(11998)	45.00
104			JTG/T L80—2014	高速公路改扩建交通工程及沿线设施设计细则(11999)	30.00
105	造价		JTG M20—2011	公路工程基本建设项目投资估算编制办法(09557)	30.00
106			JTG/T M21—2011	公路工程估算指标(09531)	110.00
1	技术指南		交公便字〔2006〕02 号	公路工程水泥混凝土外加剂与掺合料应用技术指南(0925)	50.00
2			厅公路字〔2006〕418 号	公路安全保障工程实施技术指南(1034)	40.00
3			交公便字〔2009〕145 号	公路交通标志和标线设置手册(07990)	165.00

注:JTG——公路工程行业标准体系;JTG/T——公路工程行业推荐性标准体系;JTJ——仍在执行的公路工程原行业标准体系。

带"★"的表示有勘误,详见中国交通运输标准服务平台 www.yuetong.cn/bzfw。